PATI VENTANA

Recetas sencillas para alegrarte la vida

Los 80 mejores platos de @divinaCocina

Grijalbo

Papel certificado por el Forest Stewardship Council®

MIXTO
Papel procedente de fuentes responsables
FSC® C117695

Penguin Random House Grupo Editorial

Primera edición: abril de 2023

Printed in Spain – Impreso en España

ISBN: 978-84-253-6216-3
Depósito legal: B-2.878-2023

Compuesto en Compaginem Llibres, S. L.
Impreso en Gráficas Estella
Estella (Navarra)

GR 6 2 1 6 3

A mi madre, que siempre alegró mi vida combinando tan
solo dos ingredientes sencillos, generosidad y amor

Índice

Introducción

Hace *taitantos* años, en una galaxia muy muy lejana, compré un cuaderno azul de espiral con el que perseguía a mis abuelas por la cocina apuntando trucos y recetas mágicas de aquellas dos maestras de los fogones. Todavía lo conservo: la redacción infantil, la letra redondita de colegio de monjas y un claro indicativo de que las ollas y sartenes iban a ser mis herramientas favoritas de trabajo.

Aunque los aromas y sabores no los pude anotar en los cuadernos, los conservo en la memoria. Nunca olvidaré esa imponente cocina de Moguer impregnada de olor a bollos horneados, cuando mi abuela María preparaba sus magdalenas de nata. Ni los guisos de coles y coliflores que anunciaban que el invierno y mi abuela María Luisa habían llegado a mi casa.

Cuando mi madre se casó con mi padre llevaba en el ajuar un cuaderno parecido, también azul y de espiral, pero más bonito que el mío, porque su caligrafía era preciosa y porque todo lo que tocaba mi madre era más bonito. En esas páginas que aún hoy atesoro, ella había recogido con sus palabras sencillas una selección de los mejores platos de mi abuela. Era el único manual de instrucciones con el que contaba para hacer crecer sana y fuerte a su familia, y lo utilizó a la perfección.

Mi madre guisaba maravillosamente, pero era una tarea que la aburría y que, según decía ella, era muy desagradecida. «Toda la mañana en la cocina para que tu trabajo desaparezca en unos minutos...», solía lamentarse. Supongo que tenía algo de razón, pero a mí me parece que cocinar para alguien es un acto de generosidad como pocos, y uno de los más gratificantes cuando tus comensales lo aprecian y saben ser agradecidos. Cocinar para alguien es intentar regalar felicidad. Degustar un bocado delicioso es un momento perfecto de disfrute sensorial, de estimulante placer, de alegría de vivir.

Cuando hace ya algo más de una década decidí recoger en una página web esas recetas de mis abuelas y de mi madre, quería trasladar al mundo esa idea. Las recetas sencillas alegran la vida de la gente. Y luego el nombre brotó casi automáticamente. Divina Cocina. Hay algo de divinidad, algo magnífico y casi sobrenatural, en la alquimia que se desarrolla en las cazuelas. Y no hay que trasladarse a las altas cocinas para encontrar esa magia. Un sencillo huevo, bien frito en un buen aceite y acompañado de un trozo de pan caliente, es suficiente para tocar el cielo.

En esta colección de 80 recetas, la mayoría de ellas inéditas, hay platos para disfrutar en compañía, preparaciones artesanales, cocina internacional con ingredientes sencillos y sabores de siempre de esos que consiguen, de verdad, alegrarte la vida.

Pati Ventana

Salsas y preparaciones básicas artesanales

Preparar en casa nuestras propias salsas, mantequillas o quesos nos hace revivir los mejores sabores de otros tiempos, la cocina de nuestros mayores. Disfrutar de un desayuno en familia con una buena mermelada casera o partir con las manos un pan caliente, recién sacado del horno, son placeres sencillos que están a nuestro alcance y que convierten esos pequeños momentos en recuerdos inolvidables.

Hecho en casa

Requesón casero

* **TIEMPO:** 20 min + 2 h de reposo
* **PARA 200 g**

Aquí tienes una receta fácil para preparar requesón casero fresco y natural, con todo el sabor, para tus mejores postres o para servir sencillamente con un poco de miel y unos frutos secos.

Ingredientes

1 l de leche entera (mejor si es leche fresca, de la que venden en la sección de refrigerados)

una pizca de sal (como media cucharadita)

el zumo de 1 limón

1. Mezcla todos los ingredientes en un cazo hondo y deja reposar la mezcla en frío media hora.
2. Pon el cazo a fuego lento y lleva a ebullición removiendo lentamente. Cuando empieza a hervir, verás que se va separando el suero del cuajo. Cuando se hayan formado dos partes muy diferenciadas, apaga el fuego y deja reposar tapado un par de horas mientras se enfría.
3. Pasa la mezcla a un colador fino o a una tela de algodón y escurre muy bien un buen rato hasta que no quede nada de líquido. Ponlo en un recipiente y ya está listo para consumir.
4. Servimos a nuestro gusto, con miel, nueces, caramelo o simplemente espolvoreado con azúcar.

CONSEJOS Y COMENTARIOS

- De 1 l de leche entera salen aproximadamente 200 g de requesón.
- Sigue esta misma receta si quieres hacer el requesón casero azucarado, pero mezcla una cucharadita de azúcar glas con el requesón justo cuando quede el residuo sólido en el colador.
- No deseches el suero de leche que resulta de la preparación. Es una buttermilk con la que puedes preparar bizcochos y otros dulces.

Mantequillas aromatizadas

- TIEMPO: 15 min
- PARA 200 g

Aquí tienes varias ideas para hacer mantequillas aromatizadas con las que saltear o aderezar tus platos. Son perfectas para servir sobre carnes y pescados a la plancha, para dar sabor y color, y también para untar en tostaditas acompañando quesos y embutidos.

Mantequilla aromatizada con perejil y limón, para pescados calientes a la plancha

un manojito de perejil picado / el zumo de 1 limón / sal / pimienta negra recién molida

Mantequilla aromatizada con ajo y pimentón, en su versión dulce o picante, para las carnes y untada en pan para acompañar chacinas y quesos

½ cucharadita de pimentón en polvo (dulce o picante) / una punta de ajo (como medio diente pequeño) sin el germen central / sal / pimienta negra recién molida

1. Con cualquier ingrediente aromático que elijas, la elaboración es siempre la misma.
2. Para preparar estas recetas usa mantequilla sin sal y tenla desde un buen rato antes a temperatura ambiente para poder manipularla con facilidad.
3. Procesa todos los ingredientes que luego añadirás a la mantequilla a mano o en una picadora para que queden triturados finísimos. Si usas batidora, pon la velocidad mínima para que la mezcla conserve algo de textura y no se nos haga un puré.
4. Mezcla estos ingredientes con paciencia con la mantequilla blanda hasta que se integren bien.
5. Una vez elaborada la mantequilla, puedes darle forma de cilindro envolviéndola en film transparente y conservar en la nevera. Luego se corta en rodajas para servir. También se puede guardar sencillamente en cualquier recipiente hermético.

Mantequilla aromatizada con ajo y hierbas, para carnes a la plancha, quesos y pescados

un manojito de perejil picado / una punta de ajo (como ½ diente pequeño) sin el germen central / sal / pimienta negra recién molida

Mantequilla aromatizada con curry y cilantro, un toque asiático para pescados y carnes a la plancha

un manojito de cilantro picado / ½ cucharadita de curry en polvo / sal / unas gotas de zumo de limón

Mantequilla aromatizada con lima y albahaca, perfecta para servir sobre pescados y pollo a la plancha

un manojito de albahaca picada (como 6 hojas grandes) / el zumo de 1 lima / sal / pimienta negra recién molida

Vermut casero

* **TIEMPO:** 20 min + 40 días de maceración
* **PARA 2,5 l**

Ingredientes

2,5 l de vino blanco ligero, seco y suave, del año

100 ml de vodka o aguardiente seco y fuerte, sin aromas

1 vasito de vino dulce ligero (un oloroso dulce o un moscatel)

una buena rama de romero

10 clavos de olor

1 palo grande de canela

1 nuez moscada entera

semillas de cardamomo, cilantro y eneldo si las tienes (no son imprescindibles)

1 naranja troceada con la pulpa y la piel

1 limón troceado con la pulpa y la piel

azúcar blanca o morena al gusto (opcional)

Con esta receta podrás preparar en casa y con ingredientes sencillos tu propio vermut para el aperitivo. El resultado te va a sorprender. En cuanto tengas práctica, irás combinando los ingredientes como un maestro para potenciar los aromas que más te gusten.

Esta receta se basa en la elaboración tradicional del Condado de Huelva, aunque añadimos vodka o aguardiente, pero si lo quieres más suave, puedes suprimirlos.

1. Lleva a ebullición el vino con las especias, el limón y la naranja. Cuando rompa el hervor, aparta y deja enfriar.
2. Añade el vino dulce y el vodka o aguardiente. Prueba la mezcla y agrega azúcar al gusto si no lo quieres tan seco (es un ingrediente opcional).
3. Deja macerar tapado entre 30 y 40 días según lo quieras más ligero o más fuerte, en un lugar fresco y seco. Si lo haces en verano, guarda en la nevera.
4. Cuela y embotella para servir.

Kétchup casero

* TIEMPO: 30 min
* PARA 500 ml

Ingredientes

500 g de tomate triturado (puede ser envasado)

1 cebolla pequeña

1 diente de ajo pequeño o ajo en polvo

100 ml de vinagre de manzana (o de vino blanco suave)

1 cucharada de miel

2 cucharaditas de azúcar blanca o morena

2 golpes de jengibre en polvo

2 golpes de clavo molido

3 golpes de canela en polvo

sal al gusto

pimienta negra molida al gusto o pimienta de cayena si quieres un punto picante

Aquí te contamos cómo hacer en casa tu propio kétchup casero para que tus patatas fritas y tus hamburguesas resulten más gustosas. Es una salsa facilísima de preparar y su sabor es mucho más natural que el envasado. Con esta receta descubrirás nuevos usos para el clásico kétchup. ¡Es que está tan rico que... te apetecerá ponerlo en todos los platos!

1. Corta la cebolla muy fina y lamina el diente de ajo. Tritúralo en la batidora con el tomate y ponlo al fuego en una cazuela sin dejar de remover.
2. Cuando notes que la salsa empieza a espesar y a reducir, agrega el resto de los ingredientes: el vinagre, la miel, el azúcar, las especias, la sal, la pimienta... y cocina a fuego suave hasta que se reduzca a la mitad.
3. Cuando esté frío, envasa en frascos bien limpios con tapa hermética y puedes conservarlo muchos días en la nevera.

Yogur griego sin yogurtera

* **TIEMPO:** 20 min + 12 h de reposo
* **PARA 5-6 YOGURES**

Ingredientes

750 ml de leche entera

100 ml de nata líquida de cocina

1 yogur natural normal (no griego)

Opcional

2 cucharadas de leche en polvo

Compartimos contigo cómo hacer yogur griego con unos pocos ingredientes sencillos y todo el sabor de un buen yogur artesano. Ya sabes que el yogur griego tiene una densidad y cremosidad especiales. Por eso lo elaboramos con leche entera y la enriquecemos con nata líquida de cocina.

1. Para empezar pon al fuego la leche con la nata y mezcla bien. Tenemos que intentar que alcance una temperatura de unos 75 °C, por lo que tendrás que retirala del fuego cuando veas que empieza a humear. En ningún caso debe llegar a hervir.
2. En otro cazo aparte pon el yogur. Añade la leche caliente recién retirada del fuego. Mezcla bien para que se integre el conjunto. Las bacterias que tiene ese yogur son las que nos van a ayudar a conseguir nuestro yogur griego casero.
3. En este momento, si quieres un yogur más firme y consistente, puedes agregar a la mezcla un par de cucharadas de leche en polvo. Recuerda que tiene que quedar todo muy bien integrado cuando todavía está la leche caliente.
4. Tapa el bol con film de cocina o con una tapa que lo selle muy bien. No debe entrar nada de aire para favorecer la fermentación. Encima del film pon un paño seco para que el recipiente guarde, en lo posible, el calor.
5. Ahora lo vas a meter en el horno o microondas apagados. Solo queremos que esté en un sitio cálido, seco y resguardado de corrientes, pero no hay que encender el horno ni nada. Hay que dejarlo así al menos 12 horas. Por eso lo mejor es hacerlo por la noche, de un día para otro.
6. Pasado ese tiempo, ya puedes servir el yogur. Si lo quieres más denso y espeso, solo tienes que poner una tela fina y doble en un colador, echas el yogur y dejas que suelte todo el suero de leche para que quede más seco y consistente.
7. Deja enfriar 1 hora en la nevera. Ya puedes servirlo en vasitos o en copas, con muesli casero, con frutas, con miel...

Pan naan indio hecho en sartén

* TIEMPO: 30 min + tiempo de levado
* PARA UNOS 6 PANES (SEGÚN TAMAÑO)

El pan naan indio hecho en sartén es facilísimo de preparar, sin horno ni complicaciones sin masa madre ni prefermentos. Es un pan tierno y esponjoso que se adapta a cualquier relleno que te guste, pero que no puedes guardar de un día para otro porque se endurecerá.

Ingredientes

500 g de harina de trigo de todo uso

100 ml de leche entera

100 ml de agua

1 cucharada rasa de miel

1 cucharada rasa de sal fina

1 yogur griego natural sin azúcar

4 cucharadas de aceite de oliva

5 g de levadura seca de panadero

Para pintar los panes

mantequilla fundida, ajo triturado o en polvo, perejil o cilantro y especias al gusto

1. Para hacer la masa ponemos la harina en un bol que tenga bastante fondo o en un robot de cocina. Hacemos un hueco en el centro y vamos añadiendo el resto de los ingredientes: leche, agua, miel, sal, yogur, aceite y levadura.
2. Mezclamos con el robot, con una espátula o con las manos hasta que la masa quede compacta. Después es necesario amasar otros 5 o 10 minutos la masa en una superficie de trabajo o en el robot, si lo prefieres.
3. Nuestro objetivo es que la masa quede completamente lisa, y una vez lo consigamos la embadurnamos con un poco de aceite y la colocamos en un bol. Dejamos reposar la masa en un lugar cálido —por ejemplo, dentro del horno apagado— al menos 1 hora (mejor hasta un par de horas) antes de preparar nuestros panes.
4. Cuando la masa haya reposado habrá levado hasta doblar su volumen. Entonces la volvemos a trabajar sobre la encimera enharinada y le sacamos el aire del levado con un ligero amasado con las manos.
5. Cortamos la masa en 6 porciones y le damos forma de bola a cada una. Las estiramos con un rodillo sobre una superficie enharinada hasta que tengan un grosor de algo más de un centímetro, ¡y vamos a la sartén!
6. Pintamos una sartén antiadherente con mantequilla fundida y tostamos los panes algo más de 1 minuto por cada cara con el fuego medio-alto. En cuanto el pan se infle y se llene de burbujas, se le da la vuelta, pero ten cuidado de que no se tuesten demasiado para que no se resequen.
7. Estos panes naan se pintan recién hechos con mantequilla fundida mezclada con ajo triturado y con hierbas y especias.

La tortilla francesa perfecta

* **TIEMPO:** 15 min
* **PARA 1 TORTILLA**

Ingredientes

2 huevos muy frescos de buen tamaño

2 pizcas de sal

un toque de pimienta

mantequilla o aceite de oliva al gusto

Desmontamos el mito de que una tortilla francesa es un recurso fácil y rápido en cualquier cocina. Aquí te contamos cómo hacer la tortilla francesa perfecta, un clásico que es de todo menos sencillo.

En esta receta, como en muchas otras, rige el principio de que «cada maestrillo tiene su librillo». Aquí encontrarás unos consejos generales, y el resto lo dejamos a tus habilidosas manos en la cocina.

Los franceses preparan su tortilla con mantequilla, pero si lo prefieres, puedes usar un buen aceite de oliva, eso sí, sin pasarnos en la grasa añadida para no disfrazar mucho el sabor del huevo.

1. Hay que salpimentar los huevos antes de batirlos, una pizca de sal por cada huevo. Es importante no pasarnos en el batido, no es conveniente que el huevo empiece a espumar.
2. Se cocina a fuego medio-bajo y en una sartén de buena calidad y siempre antiadherente. Hay que cubrir todo el fondo de la sartén con mantequilla o con aceite de oliva, pero sin pasarnos. Unta la mantequilla hasta que se distribuya bien y lo justo por el fondo, o usa un espray de aceite.
3. Una vez que añadas el huevo batido a la sartén, revuélvelo con una espátula y lo vas despegando de las paredes con movimientos suaves, como si estuvieras haciendo unos huevos revueltos, pero despacio. Cuando el huevo aún presenta un aspecto jugoso, pero está casi cuajado, deja de revolver.
4. Empieza a despegar los bordes por un lado y lo vas enrollando muy suavemente dejando la parte jugosa y a medio cuajar en el interior. Haz lo mismo por el otro lado y después le das la vuelta con cuidado para que se selle bien.
5. Sirve la tortilla al momento con el interior cremoso. El punto de cocinado es este, pero en cocina también juega siempre el gusto de cada cual.

Mermelada de fruta fresca hecha al momento

* TIEMPO: 20 min
* PARA 400 g

Ingredientes

500 g de fruta fresca

entre 100 y 200 g de azúcar (depende de tus gustos y del dulzor de la fruta)

el zumo de 1 limón

Opcional

edulcorante en polvo

1 hoja de gelatina

En esta receta nuestro aliado es el microondas. Gracias a su ayuda puedes preparar tu propia mermelada con fruta fresca y en pocos minutos.

La receta es perfecta para casi cualquier fruta: ciruela, kiwi, frambuesa, mora, albaricoque, melocotón… y es una forma estupenda de aprovechar la fruta cuando está empezando a madurar demasiado y ves que se va a estropear. La lavas, la troceas y en 15 minutos tienes una mermelada en la nevera lista para el desayuno.

Las recetas de mermeladas caseras en general llevan muchísima azúcar, pero eso depende del gusto de cada cual. Si reduces un poco la proporción de azúcar, se aprecia más el sabor de la fruta y no resulta empalagosa. En cualquier caso, adapta la cantidad y variedad de azúcar a tu gusto.

1. Para empezar, lava muy bien la fruta y trocéala. Si quieres una textura gruesa en tu mermelada, no es necesario, en general, pelar la fruta.
2. Ponla en un bol junto con el azúcar y el zumo de limón. Es importante que el bol sea hondo porque en el microondas la fruta con el azúcar alcanzará mucha temperatura y se puede rebosar.
3. Antes de llevar al microondas, mezcla todo en el bol muy bien para que se integre por igual la fruta con el azúcar.
4. Mete en el microondas 10 minutos a potencia media, unos 500 W. Hay que estar pendiente de que no rebose, pero a esta potencia lo normal es que no haya problemas.
5. Después sácala del microondas y verás que ya tiene una textura de fruta cocida. Remueve todo un poco y tritura al gusto con un tenedor.
6. Ahora vuelve al microondas, ya para terminar la receta, otros 5 minutos, pero a potencia máxima. La fruta ya se oscurece y la textura es más densa. De nuevo conviene estar pendiente de que no se salga del bol con la cocción.

7. De todas formas, deja enfriar la mermelada antes de consumir. Y ten en cuenta que, al enfriarse, la mermelada espesa aún más. Ya puedes servirla en tus tostadas y postres favoritos.

ELABORACIÓN CON EDULCORANTES

8. Al usar edulcorantes, la textura de la mermelada no es tan consistente. Sigue la misma elaboración, pero sustituye el azúcar por su equivalente proporcional de un edulcorante en polvo (no líquido ni en comprimidos).
9. Mientras se hace la mermelada en el microondas, hidrata una hoja de gelatina en agua fría. Cuando saques la mermelada del microondas, añádela ya hidratada y mezcla bien antes de pasar por la batidora para que le dé consistencia al resultado.

Panecillos de patata superesponjosos

* TIEMPO: 20 min + horneado
* PARA 8-10 PANECILLOS (SEGÚN TAMAÑO)

Ingredientes

225 g de harina de trigo todo uso

125 g de patata cocida

80 ml de leche

2 cucharadas de aceite de oliva virgen extra

1 cucharadita de sal fina

1 cucharada rasa de levadura química

1 huevo M y otro huevo para pintar los panecillos

Para decorar

orégano, semillas de amapola, de sésamo o de comino, pipas de girasol…

La humedad de la patata hace que estos panecillos resulten siempre muy tiernos y jugosos en su interior. Son perfectos para presentar un pan especial a la mesa, y si pones a trabajar tu imaginación, seguro que se te ocurren mil ideas para rellenarlos: una bolita de mozzarella, un trocito de salchicha o chorizo…

La elaboración es muy fácil porque usaremos levadura química y no requieren los procesos de levados de otras recetas de pan.

1. Solo tienes que tamizar la harina en un bol y añadir el resto de los ingredientes. Tritura primero la patata cocida con un tenedor hasta que quede reducida a puré. Añádela a la harina junto con la leche, el aceite, la sal, la levadura y el huevo ligeramente batido.
2. Amasa a mano o con un robot con accesorio de varillas o amasador. Si la masa queda demasiado pegajosa, añade poco a poco más harina hasta que esté lisa y moldeable.
3. La masa no necesita reposo. Dale forma de cilindro y córtala en porciones para hacer cada panecillo.
4. Ve precalentando el horno a 200 °C.
5. Redondea las porciones con las manos. Ahora es el momento de introducir algún relleno al gusto en los panecillos y luego darles la forma.
6. Colócalos sobre papel satinado en una bandeja de horno. Pinta con huevo batido y espolvorea con semillas de sésamo, un poco de orégano o unas pipas de girasol al gusto presionando un poquito con las manos para que no se despeguen durante el horneado.
7. Hornea los panecillos entre 20 y 25 minutos (el tiempo depende del electrodoméstico) en la parte media del horno y con calor arriba y abajo. Sírvelos calentitos, recién hechos, porque al no llevar levadura fresca, tienden a endurecerse con el paso del tiempo.

Regañás con sésamo

* TIEMPO: 25 min
* PARA 250 g

Ingredientes

200 g de harina de trigo todo uso

60 ml de agua

½ cucharadita de sal

½ cucharadita de levadura química en polvo

1 cucharada de sésamo o ajonjolí

2 cucharadas de aceite de oliva virgen extra

Esta receta es tan fácil que ya no volverás a comprarlas nunca más. Resultan deliciosas, muy crujientes, y las tienes listas en menos de 30 minutos.

Nosotros las hemos preparado en esta receta con semillas de sésamo, pero igualmente puedes sustituirlas a tu gusto por semillas de amapola, pipas de girasol o unos cominos en grano.

1. Precalienta el horno a 180 °C.
2. En un bol hondo mezcla todos los ingredientes y amasa hasta que consigas una masa de aspecto liso y moldeable. También podemos hacer este proceso en un robot de cocina usando el accesorio de varillas o amasador.
3. Cuando la masa esté lista, extiéndela con el rodillo hasta que tenga un grosor de medio centímetro, aproximadamente. Con un cortapizzas o un cuchillo, corta en tiras y luego en cuadraditos dándole el tamaño que quieras.
4. Coloca esas porciones ligeramente separadas sobre un papel satinado y untado con aceite (puedes usar un espray) en la bandeja del horno. Hornea entre 20 y 25 minutos, depende de cada electrodoméstico, en la parte media y con calor arriba y abajo.
5. Recuerda que tienes que dejar que enfríen por completo antes de servirlas para que tengan la textura crujiente que buscamos. Se conservan de maravilla por muchos días en un recipiente hermético de cocina.

Verduras, legumbres y ensaladas

El universo vegetal es la fuente de la que beben y en la que se nutren todas las grandes cocinas del mundo. El reconocimiento gastronómico de las legumbres, la variedad de hortalizas y frutas que la globalización ha traído a nuestros mercados y el auge de la dieta vegetariana han rejuvenecido y actualizado muchas recetas con las que es fácil desmontar la falsa creencia de que los platos de verdura son sosos y aburridos.

Verde, fresco y sano

Verduritas de temporada en escabeche suave

* TIEMPO: 30 min
* PARA 4 PERSONAS

Ingredientes

1 cebolla mediana

½ cabeza de ajos

2 zanahorias

1 penca de apio (opcional)

250 ml de aceite de oliva suave

1 cucharadita de pimientas en grano

2 hojas de laurel

150 g de ramitos de coliflor

150 g de ramitos de brócoli

½ pimiento rojo de asar

⅔ del vaso con vinagre suave de manzana y ⅓ de vino blanco joven y seco

½ cucharadita de tomillo

½ cucharadita de orégano

1 pastilla de caldo de verduras

1 cucharada de sal

Esta receta se prepara con verduras frescas a tu gusto para aprovechar los productos de temporada. La elaboración siempre será la misma, pero hay que usar verduras duras, que conserven su textura, para que no se deshagan y estropeen la presentación del plato. Puedes usar alcachofas, champiñones, calabaza, calabacín, judías verdes… y hacer las combinaciones que más te gusten. El plato es un entrante sabroso y original, y también una excelente guarnición para asados y platos de carnes frías o fiambres, o para frituras de pescado.

1. Limpia la cebolla y córtala en juliana fina. Los ajos se dejan con la piel y se les hace un corte longitudinal. Las zanahorias se pelan y se cortan en rodajas finas. Trocea el apio también en láminas finas.
2. Usa un poco del aceite para saltear esa verdura junto con los ajos, la pimienta en grano y el laurel hasta que dore la cebolla un poco y se ablande.
3. Cuando haya tomado color, añade el resto de las verduras, en este caso los ramitos de coliflor y brócoli y el pimiento rojo en tiras gruesas.
4. Incorpora el vinagre y el vino con el resto del aceite, y luego las hierbas aromáticas y la pastilla de caldo.
5. Cocínalo destapado para que el alcohol vaya evaporando, entre 5 y 10 minutos a fuego medio desde que arranque el hervor. Si se reduce demasiado, podemos incorporar un poquito de agua.
6. Comprueba si está cocinado pinchando con un palillo. Las verduras deben estar tiernas pero enteras. Prueba de sal y rectifica al gusto.
7. Retira del fuego y pásalo a un recipiente con tapa. Procura que las verduras queden bien cubiertas por el escabeche. Reserva en la nevera unas 12 horas hasta el momento de servir. Conviene servirlo a temperatura ambiente para que el sabor se potencie. Si lo prefieres, puedes templarlo un poco en el microondas.

Lentejas salteadas al curry con verduras

*TIEMPO: 20 min
*2 PERSONAS

Ingredientes

400 g de lentejas cocidas, mejor si son pardinas (pueden ser en conserva)

1 cebolla

1 zanahoria

½ pimiento rojo

4 cucharadas de aceite de oliva virgen extra

1 hoja de laurel

1 diente de ajo

perejil fresco

200 g de calabacín

1 cucharada rasa de curry en polvo

pimienta recién molida al gusto

sal al gusto

Estas lentejas llenarán tu cocina de aromas orientales. Las legumbres salteadas son una magnífica opción para disfrutar de un plato saludable sin añadir un exceso de grasa.

Lo más cómodo y rápido es que utilices lentejas cocidas ya envasadas porque solo tendrás que enjuagarlas bien y están listas para preparar el plato. Si te decides por lentejas secas, ponlas en remojo desde la noche anterior.

Este mismo plato se puede preparar con garbanzos, otra legumbre que combina de maravilla con el curry. La elaboración es la misma, pero respeta los tiempos de cocción del garbanzo, superiores a los de la lenteja.

1. Empieza con las lentejas. Si utilizas las secas, después de 12 horas de remojo, cuécelas en agua con sal y una hoja de laurel, con tres partes de agua por cada parte de lentejas. Controla la cocción para que queden «al dente» y no se deshagan al saltearlas. Estarán listas en una media hora.
2. Cuando estén en su punto, escúrrelas en un colador hasta que queden bien secas mientras sigues con la receta.
3. Si usas lentejas cocidas en conserva, te ahorras este proceso porque, como hemos dicho, solo tendrás que enjuagarlas bien en un colador bajo el grifo.
4. Pica en daditos la cebolla, la zanahoria y el pimiento, y saltéalo todo en un fondo de aceite de oliva en una sartén o cazuela junto con la hoja de laurel. Sala un poquito para que la verdura «sude» y enternezca mejor.
5. Cuando todo esté bien pochado y tierno, añade el ajo majado con una ramita de perejil junto con el calabacín en daditos. Espolvorea también el curry en polvo y saltea un par de minutos.
6. Ya solo queda añadir las lentejas y dar unas vueltas para que los sabores se integren. Dale un toque de pimienta, rectifica de sal si es necesario y ya puedes llevar a la mesa.

Lasaña de calabacín, tomate y queso

* TIEMPO: 45 min
* PARA 6-8 PERSONAS

Ingredientes

3 calabacines
aceite de oliva
sal al gusto
pimienta recién molida al gusto
albahaca o perejil frescos
1 cebolla
2 dientes de ajo
150 g de fiambre de pavo o jamón cocido en taquitos
400 g de tomate natural triturado
150 g de queso mozzarella rallado grueso (el que se usa para las pizzas)

Esta lasaña se prepara solo con verdura, sin pasta, una receta de verdura enriquecida con un toque de pavo o jamón —lo puedes eliminar si quieres un plato vegetariano— y con la cremosidad de la bechamel y la mozzarella. Es una de esas preparaciones a las que hay que dedicar un ratito en la cocina, pero con las que luego, cuando te sientas a la mesa, todo el mundo disfruta y te das cuenta de que ha merecido la pena.

Puedes elaborar la misma receta utilizando berenjena en lugar del calabacín o combinando las dos verduras. El resto de los ingredientes y los pasos siguen siendo los mismos.

1. Precalienta el horno a 190 °C.
2. Corta el calabacín en láminas a lo largo. Lo mejor es hacerlo con una mandolina. Las láminas no deben tener más de medio centímetro de grosor.
3. Pon un poco de aceite en una sartén antiadherente y haz el calabacín a la plancha hasta que dore un poquito. Vete apartándolo y entonces lo sazonas con sal fina y un poco de pimienta recién molida.
4. En esa misma sartén, con algo más de aceite, prepara un sofrito con la cebolla cortada en una juliana fina y los dientes de ajo laminados. Cuando la cebolla tome color, incorpora los taquitos de pavo o jamón cocido, da un par de vueltas y vierte el tomate. Sazona y deja que reduzca y oscurezca la salsa unos 5 minutos.
5. Para montar la lasaña, en una bandeja algo profunda y apta para horno coloca una capa de calabacines. Sigue con una capa fina —para que el plato no se haga empalagoso y pesado— de sofrito de tomate, pon por encima unas hojas de albahaca fresca y cubre con queso rallado. Repite la operación con calabacín, sofrito, albahaca y queso y termina con algunas láminas de calabacín y más hojas de albahaca.
6. Lleva al horno unos 15 minutos para que el queso en el interior se funda. Termina con la función grill si quieres dorar un poco la superficie.

Flores de alcachofa a la plancha

* TIEMPO: 30 min
* PARA 4 PERSONAS

Ingredientes

8 alcachofas frescas de tamaño medio

1 limón

1 cucharada de harina

aceite de oliva virgen extra

sal al gusto

pimienta recién molida al gusto

Opcional

2 dientes de ajo y 1 ramita de perejil para salsear

Se preparan con muy pocos ingredientes para respetar el delicado sabor de esta joya de la cocina verde.

Es importante elegir unas alcachofas tiernas y bien frescas porque el único secreto del plato reside en la calidad del producto.

1. Para empezar, limpia las alcachofas, corta el rabo y lo desechas (puedes usarlo en cremas y guisos) y elimina las hojas más duras.
2. Vas a cocerlas al fuego en una cazuela con agua donde has exprimido un limón y has añadido un puñado de harina. No le pongas aún nada de sal. Lo normal es que estén listas en unos 20 minutos.
3. Las alcachofas deben quedar tiernas pero enteras para que no se rompan al manipularlas después. Hay que colocarlas boca abajo sobre un paño limpio para que escurran muy bien toda el agua.
4. Cuando las tengas bien escurridas, con cuidado y despacio, vete abriendo las hojas desde el centro para hacer la flor y aplanando un poco la alcachofa.
5. Entonces las llevas a la plancha caliente con un poco de aceite y las sellas por las dos caras lo justo para que se doren un poquito.
6. En esa misma sartén puedes agregar un poquito más de aceite y darle color a un majado de ajo y perejil. Se sofríe apenas unos segundos.
7. Servimos las alcachofas recién hechas, bien calentitas, salpimentadas en el plato y rociadas con el ajo y perejil.

Caviar de berenjena

* TIEMPO: 30 min
* PARA 1 BOL GRANDE

Ingredientes

2 berenjenas medianas

el zumo de 1 limón

1 diente de ajo pequeño triturado o majado

½ cucharadita de pimentón dulce

½ cucharadita de comino molido

sal y pimienta al gusto

aceite de oliva virgen extra

Para servir

2 cucharadas de semillas de sésamo en grano, perejil o cilantro picados y pimentón

Con una sencilla verdura como la berenjena se puede preparar un plato tan especial que ha merecido la denominación de «caviar» por su presentación y textura.

El caviar de berenjena es un clásico en muchos lugares del Mediterráneo y de Oriente Próximo, elaborado con diferentes ingredientes según la zona. Esta receta que te proponemos es fácil y respeta el sabor de la verdura.

Se trata de un entrante perfecto para compartir, que puede servirse al centro en un bol y acompañado con tostaditas o pan de pita.

1. Corta las berenjenas por la mitad a lo largo, sálalas y deja que suden para que suelten el posible amargor al menos media hora.
2. Hazles unos cortes a cuchillo en forma de rombos y colócalas en una bandeja de horno boca arriba y tapadas con papel de horno para que no se tuesten mucho. Estarán listas y tiernas en una media hora o algo menos, depende del electrodoméstico.
3. Después deja que se enfríen por completo. Entonces saca la pulpa y pícala a cuchillo muy menudita. Debemos intentar que no se haga un «puré», la berenjena tiene que conservar algo de textura. Pruébala (habrá retenido sal del «sudado») y salpimienta.
4. Para no manipular mucho la berenjena, mezcla aparte el diente de ajo con el limón, el pimentón y el comino hasta obtener casi la textura de un puré. Liga con aceite e intégralo bien.
5. Ya solo queda combinar este aderezo con la berenjena muy suavemente.
6. Sirve en un plato y riega con un hilo de aceite de oliva, perejil o cilantro picado, semillas de sésamo y, si quieres, una pizca de pimentón.
7. Acompaña el caviar de berenjena con pan de pita, crudités de verdura (zanahoria, apio, rabanitos…) o tostaditas.

Peperonata italiana con huevos

* TIEMPO: 30 min
* PARA 4 PERSONAS

Ingredientes

5 pimientos morrones o de asar de diferentes colores

aceite de oliva virgen extra

1 cebolla mediana dulce

5 dientes de ajo

1 pimienta de cayena (opcional)

2 tomates medianos rojos pelados y sin semillas

1 cucharadita de azúcar

un chorrito de vinagre de vino

sal al gusto

pimienta al gusto

unas hojas de albahaca fresca

4 huevos

Para servir

alcaparras y queso parmesano rallado

Si te gustan los sabores mediterráneos, apúntate a esta peperonata y lleva todo el sabor de Italia a tu mesa. No es más que una fritada de pimientos cocinados lentamente hasta que queden casi confitados.

Puedes servir la peperonata caliente, templada o fría, como entrante o como guarnición, acompañando pastas y hasta en bocadillos. En esta receta presentamos los pimientos con unos huevos cuajados en la propia peperonata. Así tenemos un plato completo que es una explosión de alegría y color en la mesa. Un plato versátil a base de ingredientes frescos, y cargado de salud y sabor.

1. En una cazuela con un fondo de aceite de oliva virgen extra rehoga los ajos pelados y laminados junto con la cebolla cortada en una juliana gruesa. Añade la cayena. Esto es opcional, pero un punto picante nunca viene mal.
2. Cuando la cebolla empiece a estar transparente, agrega los pimientos cortados en tiras más bien gruesas y largas. Deja saltear unos 10 minutos para que empiecen a ablandarse.
3. Incorpora los tomates picados en dados y el azúcar, el vinagre, la sal y la pimienta.
4. Tapa la cazuela y deja cocer hasta que los pimientos estén tiernos pero enteros. Si ves que se está quedando muy seco, vierte un poco de agua.
5. Cuando el plato esté a punto, añade unas hojas de albahaca frescas y picadas, revuelve un poco y haz unos huecos. Deja caer los huevos en los huecos, salpimiéntalos y tapa la cazuela, a fuego medio, hasta que estén cuajados.
6. En el momento de llevar a la mesa, podemos añadir unas alcaparras y dar un toque de queso parmesano rallado en cada plato.

Ensalada mechouia templada

* TIEMPO: 45 min
* PARA 4 PERSONAS

Ingredientes

1 pimiento rojo de asar

1 pimiento verde de asar

3 tomates de pera

1 cebolla

1 berenjena mediana

Para el aderezo

aceite de oliva virgen extra

el zumo y la ralladura de 1 limón

½ cucharadita de comino molido

½ cucharadita de pimentón dulce

1 diente de ajo pequeño sin el germen central

hierbabuena picada

perejil picado

cayena molida o una pizca de harissa

sal al gusto

pimienta al gusto

Para acompañar

cuartos de huevo duro, aceitunas sin hueso y atún en conserva

Esta receta es de origen tunecino, pero se prepara en toda la cocina árabe en diferentes versiones. Se trata de una ensalada de verduras asadas y condimentada con especias que suele servirse templada, normalmente al centro y para compartir.

En Túnez, las verduras se asan hasta quedar casi reducidas a puré, hasta el punto de que en alguna de sus versiones la mechouia se unta en tostaditas a modo de paté. En esta receta hemos respetado la textura de los vegetales, pero puedes adaptarla a tus gustos dando a las verduras más o menos tiempo de cocción.

1. Corta las verduras por la mitad a lo largo y colócalas en una fuente de horno. Hornéalas unos 40 minutos a 180 °C en la parte media del horno. Puedes cubrir con papel aluminio para que no se sequen demasiado.
2. Mientras se asa la verdura, ponte con la vinagreta. Para ello mezcla 3 partes de aceite con una parte de limón. Añade la ralladura y las especias. Incorpora también un diente pequeño de ajo majado con unas hojas de hierbabuena y perejil picadas. Por último, añadimos un toque de pimienta y sal al gusto y mezclamos bien.
3. Una vez que estén en su punto de asado, pela los pimientos y elimina las pepitas. Córtalos junto al resto de verduras en dados o tiras regulares.
4. Mezcla cuidadosamente con la vinagreta y ya tienes lista la mechouia, que se sirve templada. Decora las verduras con el atún, las aceitunas y el huevo cortado en gajos.

Falso cuscús de brócoli con frutos secos

* TIEMPO: 25 min
* PARA 4 PERSONAS

Ingredientes

500 g de brócoli crudo y en arbolitos

2 dientes de ajo

½ cucharadita de pimentón ahumado

½ cucharadita de comino molido

un puñado de anacardos fritos

un puñado de nueces picadas gruesas

un puñado de pasas hidratadas en agua

5 cucharadas de aceite de oliva virgen extra

sal al gusto

pimienta al gusto

Esta receta es una delicia suave y sabrosa que además llega a tu mesa cargada de tesoros nutricionales para ayudarte a llevar una alimentación saludable.

El brócoli es un superalimento siempre de moda, un ingrediente imprescindible en la nueva healthy food y una joya de la gastronomía por su versatilidad y su intenso sabor. Hay que aprender a disfrutarlo y servirlo de forma original y sorprendente —como te proponemos en este plato— para convertirlo en un básico de tu cocina.

Este sencillo plato es un entrante vegano delicioso, pero también una excelente guarnición para otros platos de carne o pescado.

1. El brócoli tiene que estar limpio y seco, desecha las partes más duras del tallo. Podemos picarlo en la picadora dando pequeños golpes de batido y viendo el resultado para que no se nos haga un puré.
2. Nuestro consejo es usar un rallador grueso. Empieza a rallar los arbolitos de brócoli y descarta los restos del tallo cuando veas que se vuelven más duros.
3. En una sartén antiadherente con un fondo de aceite dora los dientes de ajo muy picaditos. Cuando se empiecen a dorar, echa el pimentón y el comino junto con los frutos secos y las pasas. Da un par de vueltas e incorpora el brócoli picado para saltearlo solo un par de minutos.
4. Salpimienta al gusto y ya puedes retirar del fuego para servir. El brócoli debe quedar al dente, casi crujiente.

Crudos y recetas rápidas

Cocinar sin encender el fuego es fácil, rápido y divertido. Hay mucha cocina sin humos que va más allá de la improvisación de última hora o de las «recetas para *singles*». Descubrirás la frescura natural de los alimentos, sabores más puros y nuevos aromas. ¿Y cuál es el papel del cocinero? Es el maestro de ceremonias que combina con acierto los ingredientes y los adereza lo justo para sacar lo mejor de ellos.

Cocina sin humos

Tartar de aguacate y tomate seco

* TIEMPO: 15 min
* PARA 2 PERSONAS

Ingredientes

1 aguacate grande y en su punto de madurez

75 g de tomates secos en aceite de oliva (usaremos también el aceite)

un manojito de ramas de cebollino verde fresco o un casco de cebolla morada

el zumo de ½ lima o de ½ limón pequeño

sal al gusto

pimienta negra recién molida al gusto

Opcional

½ cucharadita de mayonesa espesa

Para acompañar

unas lascas de ventresca de bonito en aceite

Esta receta es una delicia sencilla que se prepara en pocos minutos y que siempre resulta un éxito.

Para emplatar, un ligero aderezo y unas láminas de ventresca de atún convertirán el plato en el entrante perfecto para una mesa especial. Y si lo quieres completamente vegano, puedes servirlo sobre unas hojas de ensalada verde o decorar con unos germinados. Como ya sabes, una vez cortado, el aguacate tiende a oscurecerse por la oxidación, así que no conviene preparar el tartar con mucha anticipación.

1. Saca los tomates secos del aceite y pícalos bastante finos con la ayuda de un cuchillo de punta. Reserva el aceite de la conserva para darle un toque especial al plato.
2. Pica la cebolla morada o el cebollino también muy menuditos.
3. Corta el aguacate en dos y elimina el hueso central. Extrae la pulpa con la ayuda de una cuchara y córtala en daditos pequeños y regulares. Por eso es importante que el aguacate no esté demasiado maduro, para que los daditos conserven su forma y textura.
4. Mézclalo todo y aderézalo con el zumo de lima o limón para evitar que el aguacate se oxide y aportar frescura y sabor. Combina suavemente.
5. En un bol aparte mezcla un par de cucharadas del aceite de los tomates con sal y pimienta al gusto y la cucharadita de mayonesa. Revuelve todo muy bien hasta que quede una salsa lisa y emulsionada.
6. Ya solo queda añadir este aderezo al aguacate picado con el resto de los ingredientes y remover suavemente.
7. Para emplatar, puedes usar un aro o darle una forma más irregular sobre un platillo, como más te guste. Corona el plato con unas láminas de ventresca de bonito y sirve al momento.

Flor de tomate con vinagreta de anchoas

*TIEMPO: 15 min
*PARA 1 PERSONA

Ingredientes

1 tomate de ensalada rojo y firme de tamaño medio

un par de hojas de albahaca

Para la vinagreta

aceite de oliva virgen extra

vinagre de Jerez

una pizca de mostaza

sal gorda al gusto

½ latita de anchoas de las pequeñas

unos taquitos de queso fresco o de queso feta

1 cucharada de alcaparras

Opcional

unas hojas de lechugas verdes para la base

Con esta flor descubrirás una manera sencilla y divertida de preparar una ensalada especial en 5 minutos. Un plato fresco, sano y rico a base de tomate, con una bonita presentación y con muchas propuestas que quedan a tu imaginación para hacerlo siempre a tu gusto.

1. Lava bien el tomate y quítale el centro con un cuchillo de punta.
2. Prepara la vinagreta mezclando el aceite, el vinagre, la mostaza y la sal. Corta menuditas las anchoas y añádelas. Incorpora también el queso y las alcaparras y combina suavemente. La vinagreta debe ser espesita para que quede recogida en el centro del tomate y no se «disperse».
3. Coloca el tomate en un plato de servicio y hazle unos cortes longitudinales de arriba abajo y de lado a lado como si estuvieras cortando una pizza, pero sin llegar a separarlo del todo por la base. Puedes hacer los cortes que quieras, pero procura que las porciones sean de un tamaño pequeño, de un bocado.
4. Con estos cortes, el tomate se abrirá como una flor. Pon la vinagreta en el centro y sirve al momento con unas hojas de albahaca picadas por encima.
5. Este plato no se puede preparar con mucha antelación porque se afea la presentación. Debes tenerlo todo preparado para montarlo al momento de servir.

OTRAS IDEAS PARA EL «RELLENO»

1. Unos lomos de melva o ventresca de atún en aceite de oliva con cebolleta fresca picada.
2. Unas migas de bacalao desalado rociadas con aceite de oliva.
3. Taquitos de mojama de atún y taquitos de queso fresco aderezados con aceite de oliva.

Mazamorra cordobesa

* TIEMPO: 15 min
* PARA 4 PERSONAS

Ingredientes

1 vaso grande de agua para remojar el pan

200 g de pan asentado blanco y con miga

1 diente de ajo grande

25 ml de vinagre de vino blanco

100 g de almendras crudas y peladas

150 ml de aceite de oliva virgen extra y algo más para rociar sobre el plato al servirlo

un puñado de sal fina

Para acompañar

2 huevos duros

aceitunas negras deshuesadas

La mazamorra cordobesa es una crema fría a base de almendras, pan y aceite. Esta receta tradicional de Córdoba guarda similitudes con el ajoblanco, pero su textura es mucho más espesa.

Se supone que la mazamorra es el antepasado gastronómico del salmorejo y que ya circulaba por las mesas andaluzas antes de que el tomate llegara de América. Se suele acompañar de aceitunas negras y huevo duro, pero te damos algunas ideas más para hacer algo original.

1. Para empezar, corta el pan en dados o rodajas, incluso puedes trocearlo con las manos. Colócalo en un bol hondo y rocíalo con el agua para que se empape. Tiene que quedar bastante cubierto, después lo escurriremos un poco.
2. En el vaso de una batidora o robot de cocina, pon el ajo pelado y sin el germen central, el vinagre, las almendras y la sal. Añade el pan ligeramente escurrido con las manos y mezcla con un cucharón.
3. Tritúralo todo hasta que quede una pasta lisa y espesa.
4. Entonces ya puedes ir añadiendo el aceite poco a poco, mientras sigues triturando, para que la masa vaya emulsionando y adquiera esa cremosidad característica del plato. Es como si hiciéramos una mayonesa.
5. Puedes ajustar a tu gusto la textura. Si te gusta más clarita, añade un poquito de agua y rectifica de sal.
6. Deja que la mazamorra repose en frío un par de horas porque se sirve bien fresca. Lo clásico es decorar con aceitunas negras y huevo duro picado o en rodajas, pero te invitamos a probarla con ventresca de bonito en conserva, con láminas finas de mojama o con alguna fruta que aligere el resultado, como uvas o melón.
7. Y mucho cuidado si sirves la mazamorra de primer plato porque al llevar tanto pan resulta un poco pesada. Nos encanta en pequeños cuencos o chupitos, a modo de aperitivo, con la aceituna y el huevo duro bien picaditos, o simplemente con un poco de cebollino verde para decorar.

Ensalada de palmitos brasileña

* TIEMPO: 10 min
* PARA 4 PERSONAS

Ingredientes

10 corazones de palmitos gruesos

1 aguacate en su punto de madurez

8 tomates cereza

1 bulbo de hinojo o 1 penca de apio

¼ de cebolla morada

4 cucharadas de maíz dulce en grano

un puñado de nueces (mejor si son nueces de Brasil)

2 cucharadas de cilantro picado (lo puedes sustituir por menta picada)

Para la vinagreta de lima

4 cucharadas de aceite de oliva

2 cucharadas de zumo de lima

la ralladura de 1 lima

1 cucharada de miel o 1 cucharadita de azúcar morena

sal al gusto

pimienta negra recién molida al gusto

Esta ensalada recoge todos los sabores clásicos de la cocina tropical, con toques agridulces y un aderezo muy especial.

El palmito es un delicado manjar que se extrae de la palmera. Los corazones de palmito se suelen consumir en conserva porque en su estado natural, en crudo, resultan amargos.

La vinagreta agridulce que te proponemos combina de maravilla con todos nuestros ingredientes, pero si lo prefieres, puedes aderezar con una mayonesa aligerada con zumo de piña o manzana.

1. Escurre muy bien los corazones de palmito y trocéalos en rodajas de 1 cm. Colócalos bien distribuidos por el fondo de una bandeja de servicio que no sea muy honda.
2. Corta el aguacate en dados y colócalos en la bandeja con los palmitos. Si no vas a servir la ensalada al momento, añade el aguacate al final para que no se oscurezca.
3. Corta los tomates cereza por la mitad y pica el hinojo y la cebolla en una juliana fina. Distribuye todos los ingredientes en la bandeja junto con el palmito y termina espolvoreando el maíz y las nueces picadas.
4. Para hacer la vinagreta, solo tienes que mezclar bien los ingredientes, batiendo y emulsionando bien hasta que el azúcar se disuelva completamente.
5. Al momento de servir rocía la ensalada con la vinagreta y espolvorea el cilantro picado. Combina muy suavemente para que el aguacate y el palmito no se deshagan, y sirve bien fría.

Gazpacho de remolacha y yogur

* TIEMPO: 15 min
* PARA 4 PERSONAS

Ingredientes

400 g de remolacha cocida y pelada

1 taza de miga de pan

2 tomates grandes y maduros pelados

un diente de ajo sin el germen central (pon otro ajo si te gusta más fuerte)

1 yogur natural sin azúcar

Opcional

un trozo de pepino pelado y despepitado

Para el aderezo

aceite de oliva virgen extra

vinagre de Jerez

sal al gusto

Esta receta es sencilla, original y deliciosa. Resulta un entrante muy especial y facilísimo de preparar que pondrá un toque de exotismo en tu mesa. La acidez del tomate y el yogur, junto al dulzor de la remolacha, combina de maravilla y equilibra el plato. La remolacha envasada que venden ya cocida es perfecta para esta elaboración.

1. Pon el pan en un bol hondo. Pela el tomate y trocéalo. Colócalo en el bol sobre el pan para que se vaya remojando.
2. Pela la remolacha muy bien y trocéala. Pica el ajo y elimina el germen central. Añade el yogur y, si decides usarlo, también el pepino, que aporta bastante frescor al plato.
3. Llega el momento de aderezar todos estos ingredientes con aceite, vinagre y sal. Lo hacemos al gusto, como si estuviéramos aliñando generosamente una ensalada.
4. Ahora tritúralo todo en la batidora o en un robot de cocina, a potencia máxima, para que el gazpacho quede lo más fino posible.
5. Ajusta el nivel de espesor con un poco de agua y prueba de sal antes de terminar el proceso en la batidora. Si quieres que quede aún más fino y ligero, lo puedes pasar por un colador.
6. Reserva en frío hasta el momento de servir. Puedes presentarlo en vasitos de chupito para beberlo como entrante ligero, o en plato, decorado con menta o albahaca picadas o con unos taquitos de queso fresco, a tu gusto.

Carpaccio de gambas o langostinos

* **TIEMPO:** 15 min
* **PARA 4 PERSONAS**

Ingredientes

150 g de colas peladas de gambas blancas o rojas o de langostinos

aceite de oliva suave

sal Maldon en escamas

la ralladura de 1 lima o limón

Para decorar

Huevas de lumpo negras o rojas, cebollino picado, brotes de germinados, unas gotas de vinagre balsámico

Este carpaccio es un plato delicado y elegante, muy ligero y fresco, que se prepara en pocos minutos. Su secreto es la calidad del marisco que, al consumirlo crudo, nos obligará a usar colas de gambas o langostinos congeladas o congelarlas previamente para evitar problemas con el anisakis.

También puedes congelar el carpaccio una vez preparado, que es nuestra recomendación, porque resulta más fácil servirlo. Cuando vayas a presentarlo, solo tendrás que sacarlo media hora antes del congelador y lo tendrás listo para llevar a la mesa.

1. Limpia muy bien las colas de gambas para eliminar la piel, extrae el intestino oscuro que les recorre el lomo y córtalas por la mitad a lo largo.
2. Corta un papel de horno del tamaño del plato de servicio donde vas a presentar el carpaccio. Píntalo con aceite con una brocha de cocina.
3. Vete colocando las colas de gambas en el centro, sin que se apelmacen. Cubre con otro papel de horno también untado de aceite por el lado que roza las gambas.
4. Para convertir esas gambas en carpaccio tenemos que aplanarlas, pero lo haremos suavemente. Podemos usar un rodillo o un cazo de madera o metal.
5. Cuando el carpaccio alcance el grosor que buscas, solo tienes que llevarlo al congelador, así como está, entre los papeles de horno. Si has usado gambas descongeladas, lo tienes al menos media hora para que gane firmeza. Si has empleado gambas frescas, lo puedes tener congelado al menos un par de días o el tiempo que quieras.
6. Para servir, lo sacas y lo templas con las manos o con un paño. Quita un papel de horno y lo «vuelcas» sobre el plato de servicio retirando el otro papel. Ya solo te queda decorar a tu gusto y disfrutar de esta delicia. Añade un hilo de aceite de oliva y pon un punto salino con unas escamas de sal Maldon y un punto cítrico con la ralladura de una lima o limón.

Ensalada de garbanzos con lima y especias

* TIEMPO: 10 min
* PARA 4 PERSONAS

Esta receta es una forma sana y fresca de presentar las legumbres, un superalimento más de moda que nunca. La elaboración es rápida y sencilla y la servimos con una vinagreta muy especial que recoge aromas y sensaciones thai y con un punto crujiente de frutos secos. El plato es completamente vegano, pero muy completo en nutrientes y sabores.

Ingredientes

- 400 g de garbanzos ya cocidos en conserva
- ½ pepino (puedes sustituir por calabacín fresco)
- ½ cebolla morada o cebolleta fresca
- un puñado de rabanitos
- 75 g de cacahuetes fritos y salados

Para la vinagreta

- 3 partes de aceite de oliva virgen extra
- 1 parte de zumo de lima
- ralladura de lima al gusto
- ½ cucharadita de jengibre molido
- ½ cucharadita de cúrcuma
- sal y pimienta al gusto
- hierbabuena o cilantro picados

1. Lava los garbanzos en un colador bajo el grifo. Hay que insistir hasta que dejen de soltar espuma y queden bien limpios y frescos. Escúrrelos muy bien y colócalos en un bol o bandeja de servicio.
2. Añade el pepino troceado menudo (si quieres puedes dejar la piel), la cebolleta cortada en juliana o en daditos y los rabanitos laminados. Ponemos también los cacahuetes (si no vas a servir al momento, reserva los cacahuetes para el final).
3. Para preparar la vinagreta mezcla muy bien todos los ingredientes y riega con ellos la ensalada. Combinamos con cuidado para que los ingredientes se integren con el aderezo sin deteriorarse.
4. Deja reposar en frío antes de servir.
5. Al momento de servir, agrega los cacahuetes por encima junto con un poco más de hierbas frescas picadas. Sirve fría.

Hummus de piquillos con tostaditas

* TIEMPO: 5 min
* PARA UN BOL GRANDE

Ingredientes

300 g de garbanzos cocidos en conserva

200 g de pimientos del piquillo en lata, enteros o en tiras

½ cucharadita de comino molido

3 cucharadas de aceite de oliva virgen extra (o algo más, al gusto)

el zumo de ½ limón

1 diente de ajo pequeño y sin el germen central

sal al gusto

pimienta recién molida al gusto

semillas de sésamo

1 barra de pan de baguette para acompañar

cebollino o perejil frescos y picados para decorar

Sorprende a todos con este aperitivo original y delicioso, facilísimo de preparar y elaborado con ingredientes muy sencillos.

La receta se basa en el hummus tradicional, pero con ingredientes más frescos que aligeran el resultado final. Juega con tu imaginación para presentarlo como más te guste, con las tostaditas que te proponemos, o con unos palitos de verdura cruda (apio, pimientos rojo y verde, zanahoria), o con el clásico pan de pita y unas hojas verdes de ensalada.

Sírvelo en un bol al centro para compartir entre amigos y verás cómo se convierte en un sabor de referencia para todas tus reuniones. Si cuentas con una buena batidora o robot de cocina, tendrás el plato listo de principio a fin en menos de 5 minutos.

1. La elaboración es tan sencilla como colocar todos los ingredientes (menos el sésamo y el aceite) en el vaso de la batidora y procesar hasta que quede una pasta lisa y con la textura que más te guste, más o menos espesa.
2. Te recomendamos que empieces con 300 g de garbanzos y, si queda algo clarito, añade algunos más para espesar el resultado. Si por el contrario resulta demasiado espeso, basta con que viertas un poco de agua.
3. Lo único que deberemos tener en cuenta es que hay que enjuagar muy bien los garbanzos en conserva para eliminar sabores poco naturales. Se lavan bajo el grifo en un colador para que suelten el líquido de la conserva y la espuma.
4. Los pimientos del piquillo se escurren bien y se secan con papel de cocina si es necesario.
5. Cuando tengas la pasta lista, vas incorporando el aceite poco a poco para que emulsione y dé cremosidad al resultado.
6. Reserva el hummus en frío hasta el momento de servir. Preséntalo en un bol espolvoreado con las semillas de sésamo y un hilo de aceite de oliva. Tuesta el pan de baguette en rebanadas y las rocías con un chorrito de aceite de oliva. Las pones en plato aparte para que se sirva cada comensal.

Ensalada poke de atún o salmón

*TIEMPO: 15 min
*PARA 1 PERSONA

Ingredientes

120 g de arroz blanco precocido para microondas (puedes usar arroz thai, integral o quinoa)

120 g de atún o salmón descongelado, limpio de piel y espinas y cortado en dados

½ aguacate

unos dados de pepino

un puñado de anacardos

3 cucharadas de cilantro picado grueso

semillas de sésamo tostado

lima o limón

Opcional

un puñado de edamame, algas wakame o de otra variedad listas para consumir, unas hojas de ensalada, daikon o rábano chino, unas tiras de zanahoria rallada, unas hojas de ensalada verde, wasabi

Para la vinagreta

aceite vegetal (lo ideal es aceite de sésamo, si no de oliva suave)

el zumo y la ralladura de 1 limón o lima

1 cucharada de vinagre de arroz o vinagre suave de vino blanco

1 cucharadita de azúcar

sal al gusto

una pizca de cayena molida

Te proponemos una versión diferente del poke bowl típico. La idea es servirlo como una ensalada, con ingredientes frescos y aderezado con una vinagreta oriental sencilla en lugar de la tradicional salsa de soja o de otros aderezos de sabor más intenso.

La receta que te presentamos está preparada con atún, pero igualmente se puede hacer con salmón, gambas, surimi y hasta con pollo a la parrilla, siempre a tu gusto. También puedes combinar los ingredientes como más te apetezca entre las opciones que te sugerimos.

Los pokes se elaboran con una base de cereal, normalmente arroz o quinoa. En esta versión rápida, hemos usado arroz precocido para microondas para que puedas disfrutar de tu plato en pocos minutos y sin encender el fuego.

1. Para empezar, prepara el arroz siguiendo las instrucciones del envase. Una vez cocido, lo aireas con un tenedor para que no quede apelmazado.
2. Pica en rodajas finas el pepino. Lo mejor es hacerlo con una mandolina para que las rodajas sean finísimas.
3. Picamos también el aguacate y lo regamos con lima o limón.
4. Para el aderezo mezcla al gusto todos los ingredientes hasta que estén perfectamente integrados.
5. Para montar la ensalada poke, pon en un bol un fondo de hojas verdes de brotes o rúcula, distribuye bien por encima el arroz y después reparte ordenadamente el resto de los ingredientes, cada uno ocupando un espacio separado de los demás.
6. Rocíalo con el aderezo preparado y sirve al momento con un poco de cilantro picado, si te gusta, y unas semillas de sésamo para coronar el plato. También se suele acompañar con wasabi.

Champiñones marinados en ensalada

* TIEMPO: 5 min + tiempo de marinado
* PARA 4 PERSONAS

Ingredientes

300 g de champiñones (mejor si son de la variedad portobello) que sean pequeños

1 cebolleta fresca

hojas de rúcula o brotes verdes variados para ensalada

escamas de queso parmesano para emplatar

Para la marinada

el zumo y la ralladura de ½ limón

1 cucharada de vinagre de vino blanco suave

1 cucharadita rasa de ajo en polvo

½ cucharadita de pimentón dulce

4 cucharadas de aceite de oliva virgen extra

sal al gusto

pimienta recién molida al gusto

Cuando pruebes los champiñones marinados en ensalada descubrirás en ellos nuevos sabores y texturas. Esta delicia es un descubrimiento en tu cocina, una preparación sencilla, lista en pocos minutos y que puedes añadir a ensaladas y otros platos fríos para complementarlos.

Los champiñones así preparados son una guarnición perfecta para carnes y pescados, pero no los dejes marinar demasiado porque pierden su textura. Por eso este plato no se puede preparar con demasiada antelación, pero ya verás como merece la pena.

1. Lava muy bien los champiñones y elimina las partes terrosas si las tuvieran. Escúrrelos bien y córtalos por la mitad si no son muy grandes. Si son de buen tamaño, puedes cortar en láminas o en cuartos más o menos gruesos, como prefieras.
2. Los dispones en una fuente honda, que queden extendidos y no muy apelmazados. Corta también la cebolleta en una juliana fina y mezcla con los champiñones.
3. Prepara la marinada con todos los ingredientes. Después, incorpora los champiñones con la cebolleta y mezcla muy bien para que se impregne todo por igual. Deja reposar la marinada al menos media hora para que se ablanden un poco los champiñones y tomen sabor.
4. Transcurrido ese tiempo, cubre el fondo de una bandeja de servicio con una cama de hojas de rúcula, lechugas o brotes tiernos, a tu gusto. Adereza ligeramente las hojas verdes con un hilo de aceite y sal al gusto. Sobre ellas reparte los champiñones marinados con su jugo y espolvorea con unas escamas de queso parmesano.

Platos para disfrutar en compañía

Entre los preciados tesoros que alimentan nuestros recuerdos, todos guardamos momentos felices pasados alrededor de una mesa compartida. Cualquier ocasión se convierte en una gran fiesta frente a platos preparados con amor y generosidad por un amigo o un familiar, y todos los sabores se enriquecen si alguien a quien queremos los disfruta con nosotros. Compartir una buena mesa es compartir alegría.

El placer de compartir

Mejillones baby con manzanilla de Sanlúcar

* TIEMPO: 15 min
* PARA 4 PERSONAS

Ingredientes

1,2 kg de mejillones baby

1 hoja de laurel

1 cucharadita de granos de pimienta negra

4 dientes de ajos laminados

1 cuarto de limón

1 cucharadita de harina

150 ml de manzanilla de Sanlúcar

una buena rama de perejil fresco

aceite de oliva virgen extra

Estos mejillones llenarán de sonrisas tu mesa de invitados y si, además, los acompañas con una copita de la misma manzanilla que has usado para cocinarlos bien fría, mejor que mejor.

El pequeño mejillón francés, o mejillón bouchot, es perfecto para estos platos con salsas y aderezo, aunque la receta se puede preparar también con los tradicionales mejillones gallegos de mayor tamaño. Es cuestión de gustos. En España lo más parecido que tenemos a estos pequeños mejillones son las clóchinas de la Comunidad Valenciana, que también son excelentes para esta elaboración.

1. Hasta el momento de prepararlos, conserva los mejillones en agua con sal. Después los lavas muy bien para eliminar restos de suciedad y las barbas que tengan.
2. En una cazuela con un fondo de aceite pon el laurel, los granos de pimienta negra y los dientes de ajo laminados. Antes de que el ajo tome color, añade el cuarto de limón —ten cuidado porque «chisporrotea»— y pon también la cucharadita de harina. Remueve para integrar la harina con el aceite.
3. Entonces vierte la manzanilla y una cantidad generosa de perejil picado, da unas vueltas para que la harina no haga grumos y sigue removiendo hasta que empiece a humear y el alcohol, a evaporar.
4. Agrega entonces los mejillones y tapa la cazuela para que se abran al vapor. No dejes de remover la cazuela para ayudar en el proceso y para que los mejillones se abran por igual, al mismo tiempo. Deben estar listos en unos 5 minutos.
5. Sirve al momento, calentitos, con una copa bien fría de manzanilla, la misma que hayas usado para preparar el plato.

Croquetas de atún y quesitos sin bechamel

* TIEMPO: 20 min
* PARA UNAS 12-14 CROQUETAS

Esta receta es una opción perfecta para disfrutar de unas ricas croquetas sin usar bechamel, ¡pero es que además están buenísimas! El interior de estas croquetas es toda una sorpresa. Resulta cremoso y fresco a la vez, y la masa es facilísima de moldear. Una elaboración ideal para improvisar unas croquetas deliciosas sin la complicada elaboración de la bechamel y en pequeñas cantidades por si te quieres dar un caprichito.

Ingredientes

3 latas de atún bien escurridas

6 quesitos en porciones tipo El Caserío®

1 cucharada de queso crema

1 pimiento morrón

harina

pan rallado

huevo batido

aceite para freír

1. En un bol mezcla el atún desmenuzado, los quesitos, el queso crema y el pimiento picadito fino y muy bien escurrido. Intégralo todo con un tenedor hasta que tengas una pasta.
2. Ayúdate con unas cucharas para coger la masa y dar forma a las croquetas y las vas colocando en un plato.
3. Después las pasas por harina, huevo batido y pan rallado. Para asegurarte de que la cobertura del empanado queda bien sellada, repite el proceso dos veces.
4. Fríelas en aceite caliente hasta que estén bien doradas. Escúrrelas sobre papel absorbente antes de servir. Se pueden tomar recién hechas o dejarlas templar. También están muy buenas frías.
5. Si quieres, puedes acompañar con una salsa mayonesa o una salsa tártara.

Pizzas rápidas con obleas de empanadillas

* TIEMPO: 15 min
* PARA 4-5 PERSONAS

Ingredientes

1 paquete de obleas de empanadillas

16 cucharadas de salsa de tomate concentrado o salsa de tomate para pizzas

16 cucharadas de mozzarella rallada gruesa especial para pizzas

16 anchoas en aceite

alcaparras al gusto

orégano

Esta receta te permite improvisar un picoteo entre amigos o una cena informal para peques y mayores en pocos minutos y sin más límite que tu imaginación.

Solo necesitas un paquete de obleas para empanadillas del tamaño que más te guste y unos pocos ingredientes a tu gusto. Nosotros hemos elegido anchoas y alcaparras, pero prueba con taquitos de jamón cocido y aceitunas en rodajas, champiñones laminados, atún... Y sustituye el orégano por unas hojas de albahaca, si lo prefieres.

1. Precalienta el horno a 200 °C con calor arriba y abajo.
2. Pon las obleas de masa para empanadillas sobre papel vegetal en una bandeja de horno.
3. Extiende encima la salsa de tomate y una cantidad generosa de mozzarella rallada gruesa para pizzas.
4. Reparte también por encima las anchoas (si quieres puedes cortarlas en dos) y las alcaparras.
5. Ya solo te falta espolvorear el orégano y meter al horno.
6. Deben estar listas en unos 10 minutos, cuando veas que la masa está algo dorada por los bordes y el queso ya se ha fundido. El tiempo dependerá de cada horno.
7. Sirve al momento, bien calentitas.

Tortilla de patatas con ajo y hierbabuena

* TIEMPO: 40 min
* PARA 4 PERSONAS

Ingredientes

6 huevos

500 g de patatas (el peso es de patata ya pelada)

3 dientes de ajo

1 ramita de hierbabuena

aceite de oliva virgen extra

sal al gusto

Esta tortilla es de esos platos que todo el mundo recuerda. Los que se sienten contigo a la mesa te volverán a pedir que la prepares para el próximo encuentro, y estarán deseando que llegue.

Los clásicos nunca fallan, y una tortilla bien cocinada y con estos toques especiales de «casa de las abuelas» siempre conquista en una buena mesa compartida. Sigue estos consejos y ya verás qué triunfo.

1. Corta las patatas en láminas pequeñas (como haciendo sopas) o en cubitos, al gusto de cada cual. Lo importante es que sea en trocitos regulares para que se frían por igual.
2. Las dejas un rato, al menos media hora, sumergidas en agua con sal para que suelten parte de su almidón y tomen un poquito de sal. Después, escúrrelas muy bien en un colador.
3. Fríelas muy despacio en un buen aceite de oliva, mejor en sartén, y removiendo de vez en cuando para que no se agarren. De este «confitado» de la patata depende el éxito del plato. La patata queda cremosa y blanda en el interior, pero dorada y crujiente en las zonas más finas del exterior.
4. Una vez hechas, déjalas escurrir muy bien del aceite, sazónalas entonces con sal fina (hay que probarlas antes para comprobar el punto de sal) y pásalas a un bol con los huevos muy bien batidos (tienen que estar esponjosos) y sazonados también.
5. Haz un majado con los ajos crudos y la hierbabuena picada y añade también al bol mezclando bien.
6. Lleva la mezcla a una sartén antiadherente un poco honda con un chorrito de aceite de oliva que habrás distribuido bien por todo el fondo y paredes de la sartén. Vuelca la masa de patata y huevo en la sartén y revuelve a fuego rápido con un tenedor o una paleta. Cuando empiece a cuajarse, prescinde del tenedor y haz a la sartén un movimiento de vaivén hasta que la tortilla esté cuajada.
7. Cubre la sartén con un plato para darle la vuelta. Pasa la tortilla de nuevo a la sartén para hacerla por el otro lado. No la dejes ya mucho tiempo si te gusta jugosa.

Pastel de salmón y verduras sin horno

* TIEMPO: 30 min
* PARA 6 PERSONAS

Esta receta es facilísima de preparar. Es un plato muy festivo que puede servirse en ocasiones especiales acompañado de salsas y ensaladas, y siempre sale bien.

Esta elaboración es una variedad de los tradicionales pasteles de pescado, pero sin baño maría, lo que simplifica mucho el cocinado. Se sirve frío, decorado con salsa mayonesa.

Ingredientes

400 g de lomos de salmón sin piel ni espinas

200 g de colas de gambas o langostinos

½ cebolla

½ calabacín

3 pimientos del piquillo o 1 pimiento morrón

1 cucharada de mayonesa (un poco más para decorar)

5 hojas de gelatina

1 cebollino picado para decorar

sal al gusto

pimienta molida al gusto

1. Hidrata la gelatina en agua fría.
2. Pon los lomos de salmón bien lavados en una vaporera de microondas o en muy poquita agua con sal al fuego y los cueces. En el microondas nos bastan un par de minutos y en el fuego, unos 5 minutos. Aparta y lo desmenuzas fino.
3. Haz lo mismo con las colas de gambas o langostinos, cuécelas al fuego o al vapor, y reserva 150 ml del líquido de la cocción.
4. Saltea al fuego la cebolla cortada en juliana fina y cuando se ablande un poco añade el calabacín con el mismo corte (podemos pasarlo por un rallador grueso). Sofríe unos minutos hasta que quede al punto, tierno pero entero. Salpimienta.
5. Corta el pimiento también en tiras finas e incorpóralo al salteado cuando esté listo.
6. Pon las hojas de gelatina escurridas en el líquido de cocer las gambas y lo metes al microondas unos 30 segundos para que la gelatina se diluya en el líquido caliente. Añádelo bien mezclado al salteado de verduras, también en caliente, pero ya fuera del fuego.
7. Agrega también el salmón desmenuzado (mejor si todavía está templado o caliente), las colas de gambas cocidas (picadas si son muy grandes) y la mayonesa. Prueba de sal y mezcla bien.
8. Rellena un molde con la mezcla y aplana bien. Reserva en frío unas horas para que cuaje. Sirve frío, decorado con una salsa mayonesa y cebollino picado, y acompañado con una ensalada.

Ensaladilla de gambas al ajillo

* TIEMPO: 40 min
* PARA 6 PERSONAS

Ingredientes

1 kg de patatas medianitas para cocer

250 g de colas de gambas arroceras

6 dientes de ajos

2 pimientos morrones

1 guindilla o pimienta de cayena

aceite de oliva virgen extra

Para la mayonesa

1 huevo entero

vinagre

sal

aceite de girasol

Si te gusta la ensaladilla y te gustan las gambas al ajillo, imagina qué pasaría si combinaras esas dos joyas de la cocina en un solo plato. Pues sí, has acertado, una maravillosa experiencia gastronómica que, además, es fácil de elaborar y que se va a instalar para siempre en tus mesas de fiesta.

Unas sencillas gambas arroceras serán suficientes para que el plato funcione y enamore, pero si te quieres lucir del todo o la ocasión lo merece, prueba a prepararlo con una buena gamba blanca de Huelva o con unas colas de langostinos.

1. Cuece las patatas en agua con sal. Cuando estén tiernas, escúrrelas y déjalas templar. Después, pélalas y trocéalas más o menos gruesas, al gusto, y ponlas en un bol o bandeja de servicio.
2. En una sartén vierte un fondo generoso de aceite de oliva virgen extra y añade los ajos pelados y laminados junto con la guindilla. Cuando los ajos empiecen a tomar color, retira la guindilla y agrega las gambas.
3. Pon un poco de sal, saltea un par de minutos hasta que las gambas estén al punto y retira del fuego.
4. Saca las colas de gambas y deja el aceite con los ajos en la sartén. Reserva algunas colas y unos ajos laminados para decorar.
5. Añade las gambas salteadas a las patatas troceadas. Pica el pimiento morrón y lo agregas también. Mezcla todo.
6. Para hacer la mayonesa, pon el huevo en la batidora, añade sal y un chorrito de vinagre y empieza a batir y a añadir el aceite de girasol, como si hicieras la mayonesa tradicional. Entonces incorpora los ajos y el aceite de la sartén en la que hemos hecho las gambas y sigue batiendo para emulsionarlo todo.
7. Pasa la mayonesa al bol donde están las patatas y las gambas y mezcla bien. Decora con algunas gambas y unos ajos laminados y reserva en frío hasta el momento de servir.

Huevos rellenos a la carbonara

* TIEMPO: 30 min
* PARA 4 PERSONAS

Si eres amante de la salsa a la carbonara, estos huevos rellenos te van a sorprender: nata, beicon, champiñones... y se sirven bien calentitos. Un plato fácil y original que gusta a todos.

La idea es muy sencilla, una forma especial de servir los huevos rellenos e innovar un poco frente a las presentaciones clásicas, siempre en frío y normalmente con mayonesa.

Ingredientes

6 huevos grandes cocidos

4 champiñones grandes bien limpios de tierra

½ cebolla pequeña tierna y dulce

350 ml de nata líquida de cocina

100 g de beicon ahumado en daditos pequeños

1 cucharada de mantequilla + otra cucharadita para saltear el beicon

sal y pimienta

perejil o cebollino picados

1. Cuece los huevos en agua con sal hasta que estén duros, unos 10 minutos. Ponlos rápidamente en agua fría para poder pelarlos mejor.
2. Una vez pelados, corta los huevos duros por la mitad a lo largo. Saca las yemas con cuidado de no romper las claras y reserva.
3. Pica muy fino el champiñón, en daditos muy pequeños, y pica la cebolla también fina.
4. En una sartén al fuego por una cucharada de mantequilla y saltea la cebolla picada hasta que empiece a tomar color. Añade los champiñones y salpimienta. Saltea 1 minuto todo junto y añade 150 ml de nata líquida para que la mezcla ligue un poco. Deja reducir mientras la nata espesa y aparta del fuego.
5. Incorpora las yemas aplastadas con un tenedor e intégralas bien.
6. Rellena los huevos con esta mezcla dándoles forma con una cuchara y sin pasarte mucho en la cantidad.
7. De nuevo al fuego, saltea los taquitos de beicon con una cucharadita de mantequilla. Cuando tomen color, agrega el resto de la nata, deja reducir hasta que espese un poquito, salpimienta y retira.
8. Cubre cada huevo relleno con una cucharada de la salsa, espolvorea un poco de perejil o cebollino picados y sirve al momento.

Fideuá de rape y langostinos

⁎ TIEMPO: 40 min
⁎ PARA 6 PERSONAS

Ingredientes

1 cabeza carnosa y huesos de rape para el caldo

laurel

perejil

3 ajos

1 cebolla

2 tomates maduros

1 cucharadita de pimentón

500 g de rape troceado

500 g de fideos finos o medianos

200 g de colas de langostinos

unas hebras de azafrán

aceite de oliva

sal al gusto

pimienta molida

Hay muchas recetas de fideuá, con diferentes ingredientes y variedades de pescado, pero si partes de un buen rape y unos langostinos seguro que aciertas.

La fideuá es uno de esos platos que se preparan siempre al gusto de cada casa, así que adapta los consejos que te damos a tus ingredientes favoritos y deja entrar en juego a tu imaginación.

Prueba a acompañar esta fideuá con un poco de pan tostado y alioli. Y, sobre todo, si puedes, compártela. Es una deliciosa forma de hacer amigos.

1. Haz un caldo con los huesos y la cabeza del rape, el perejil, la sal, la pimienta y el laurel. Este es el fondo que usaremos para la fideuá y el ingrediente más importante de la receta.
2. Rehoga los ajos enteros en aceite y los retiras. Ahora incorpora la cebolla y los tomates pelados y picados (sin las semillas) y vete aplastando el tomate con un tenedor. Añade el pimentón y el rape troceado. Saltea solo un par de minutos (se cocinará mientras se hacen los fideos).
3. Prepara un majado con los ajos que habías frito, unas hebras de azafrán y un poquito de caldo. Lo agregas a la cazuela.
4. Echa los fideos y el caldo que has preparado muy bien colado. Deja cocer hasta que los fideos estén en su punto e incorpora las colas de langostinos a falta de un par de minutos de cocción.
5. La fideuá debe quedar sin caldo, pero no muy seca, y los fideos, enteritos.
6. Espolvorea con perejil picado antes de servir.

Arroz meloso con sobrasada y verduras

* TIEMPO: 40 min
* PARA 4 PERSONAS

Ingredientes

300 g de arroz redondo

200 g de sobrasada de buena calidad y en tripa

100 g de guisantes

100 g de judías verdes

2 cucharadas de tomate concentrado o salsa de tomate

4 dientes de ajo

½ cebolla

1 pimiento verde

½ zanahoria

1 hoja de laurel

1 l de caldo de pollo o caldo vegetal

sal y pimienta

aceite de oliva virgen extra

perejil

Reúne a un grupo de amigos para compartir un domingo este arroz con sobrasada y verduras, y a ver cómo consigues que se te vayan de casa. Esto es una delicia que lo tiene todo: buen precio, mucho sabor y hasta color y alegría en el plato.

Me encanta la sobrasada en la cocina. Utilizada en su justa medida, potencia el sabor de sopas, arroces y guisos de carne. Para esta receta es mejor que elijas una buena sobrasada de las que vienen en su tripa, y no esas sobrasadas de tarrina que son como una pasta.

1. Pica menuditos la cebolla, los ajos, el pimiento y la zanahoria.
2. En una sartén grande o paellera con un fondo de aceite rehoga estas verduras (junto con la hoja de laurel) hasta que estén bien pochadas.
3. Añade entonces la sobrasada sin la tripa y desmenuzada groseramente con las manos. La rehogamos en el sofrito para que suelte toda su grasa.
4. Agrega los guisantes y las judías verdes y, por último, la salsa de tomate. Revuelve para integrar bien todos estos ingredientes.
5. Llega el momento de incorporar el arroz. Remuévelo 1 minuto para que se empape de la grasa del sofrito y extiéndelo por igual por toda la superficie.
6. Vierte el caldo y deja que el arroz se cocine unos 16-18 minutos, según sea la variedad.
7. Tendrás que ir rectificando de sal y de cantidad de líquido si va haciendo falta.
8. Cuando esté al punto, espolvorea un poco de perejil, tapa la cazuela y deja reposar unos 10 minutos antes de servir.

Canelones del cocido de mi madre

* TIEMPO: 30 min
* PARA 4 PERSONAS

Estos canelones son perfectos para aprovechar restos de carne del cocido o del puchero. Es una receta antigua, de las abuelas, pero siguen siendo mis canelones favoritos con los que celebrar ocasiones especiales.

¿Y qué puedes hacer si no tienes sobras de cocido? Pues usar el pollo asado que te haya sobrado o saltear unas pechugas de pollo, y añadir el choricito y la morcilla en la sartén.

Lo suyo es que prepares la bechamel en casa usando también un poco de caldo del cocido o del puchero, mitad leche y mitad caldo, y entonces ya lo bordas.

Ingredientes

300 g de carne de cerdo, ternera o pollo cocida, de las carnes del cocido o del puchero. Puedes usar una mezcla de varias

unos trocitos de chorizo picado o morcilla (opcional) o las dos cosas (puedes usar los del cocido)

½ cebolla

1 diente de ajo

4 cucharadas de salsa de tomate

1 ramito de hierbabuena

aceite de oliva virgen extra

sal al gusto

nuez moscada

un golpe de clavo molido

pimienta molida

12 placas de pasta de canelones

1 tazón de salsa bechamel

queso rallado

1. Pica las carnes a cuchillo y muy menuditas.
2. Dora en una cazuela con un fondo de aceite a fuego lento la cebolla y el ajo picados. Cuando estén bien pochados añade la carne, el chorizo y las especias y da unas vueltas. Prueba de sal porque a veces no es necesario añadirla.
3. Cuando esté todo integrado, agrega el tomate y la hierbabuena picada, remueve y aparta después de 2 o 3 minutos.
4. Hierve la pasta para canelones según las instrucciones del envase. Rellena con la carne rehogada, cierra con la abertura hacia abajo y coloca de forma ordenada en una bandeja de servicio apta para el horno.
5. Cubre con la bechamel y el queso y hornea bajo el grill a 200 °C el tiempo justo de que la superficie se dore. Sirve los canelones calientes.

Alcachofas rellenas de marisco

* TIEMPO: 30 min
* PARA 4 PERSONAS

Dentro del mundo vegetal, la alcachofa reina entre otras verduras por su sabor, textura y presentación originales. Por estas cualidades, se presta a elaboraciones muy especiales que están vetadas para otras hortalizas.

Un sencillo relleno de marisco ligeramente salseado bastará para convertir una alcachofa en un bocado que puede emocionarte y hacerte feliz, todo en uno.

Ingredientes

4 alcachofas grandes
¼ de limón
1 chalota
1 cucharada de mantequilla
12 langostinos
100 ml de vino blanco
200 ml de nata líquida
8 mejillones abiertos al vapor (pueden ser envasados, al natural)
sal y pimienta
perejil picado

1. Cuece las alcachofas enteras en un poco de agua con sal y un cuarto de limón. Una vez cocidas, elimina las hojas duras y reserva solo las partes centrales del corazón y las primeras hojas tiernas.
2. Mientras se cuecen las alcachofas, saltea la chalota muy picada en la mantequilla. Cuando esté pochada, añade las colas de langostinos, salpimienta y vierte el vino blanco. Cuando evapore el alcohol, incorpora la nata y los mejillones con un poco de su caldo bien colado (unos 100 ml), para no quedarnos cortos de salsa. Deja que la salsa reduzca al fuego un par de minutos.
3. Rellena los corazones de alcachofa con la mezcla de mariscos y riega con la salsa. Si quieres, puedes dar un golpe de horno en la parte media y a 180 °C antes de servir para que se concentre aún más el sabor.
4. Sírvelas recién hechas, espolvoreadas con perejil picado.

Mollete benedictine con salmón

* TIEMPO: 30 min
* PARA 4 PERSONAS

Ingredientes

4 huevos

4 molletes o bollitos de pan

4 lonchas de salmón ahumado del tamaño del pan (se pueden sustituir por lonchas de beicon salteadas)

mantequilla salada

aceite de oliva

sal y pimienta

cebollino picado

Para la salsa holandesa (receta abreviada)

120 g de mantequilla

2 yemas de huevo

el zumo de ½ limón

sal y pimienta

Aquí tienes una receta sencilla para preparar los clásicos huevos benedictine en modo abreviado y compartir un desayuno especial de domingo o un brunch entre amigos.

Los huevos benedictine se suelen servir con muffins o scones ingleses, pero a nosotros nos parece que un buen mollete es la cama perfecta para esa deliciosa combinación de huevo y salsa holandesa. Además, con esta elaboración rápida de salsa holandesa te aseguras el éxito porque siempre sale bien.

PARA HACER LA SALSA HOLANDESA

1. Para seguir el orden correcto y poder servir los huevos calientes, empieza por la salsa holandesa. Si la haces en la batidora, es difícil que se te corte y el resultado es muy similar al que conseguimos con la elaboración tradicional.
2. Derrite la mantequilla en el microondas. Lo ideal es ponerla en un vaso o jarrita lechera. Déjala templar (no debe estar muy caliente, sino a temperatura ambiente). Pon las yemas, el zumo de limón, sal y pimienta en el vaso de la batidora.
3. Empieza a batir dejando el accesorio batidor al fondo y sin moverlo, a velocidad alta. Entonces vas vertiendo la mantequilla muy despacio sin dejar de batir y sin mover el brazo de la batidora.
4. Cuando veas que la salsa espesa, ve terminando con la mantequilla y ya puedes mover arriba y abajo para mezclar bien. Es como hacer una mayonesa de mantequilla derretida.

PARA HACER LOS HUEVOS

1. Para hacer los huevos escalfados pon un buen trozo de film transparente sobre un bol o tazón, echa unas gotas de aceite, casca el huevo dentro y lo cierras como una bolsa anudando bien y sin dejar aire alrededor del huevo. Puedes cerrar con un nudo o con gomas de silicona para cocina. Pon una cazuela al fuego y con el agua caliente, pero antes

de que empiece a hervir, mete las bolsitas dentro. En el momento en que arranque a hervir, las dejas entre 3 y 4 minutos según tus gustos.

2. Mientras se hacen los huevos, tuesta los molletes abiertos. Puedes tostarlos con un poquito de mantequilla salada en una sartén por los dos lados o en un tostador tradicional y untando la mantequilla después. Coloca el salmón sobre las tostadas.
3. Una vez hechos los huevos, corta los nudos del film transparente y saca los huevos con mucho cuidado para que no se rompan. Colócalos encima del salmón. Cubre con la salsa holandesa y sirve al momento con un toque de pimienta y un poco de cebollino picado. Acompaña con la otra mitad del mollete tostado y untado con mantequilla.

Lomos de sardinas marinadas

* TIEMPO: 20 min
* PARA 4 PERSONAS

Ingredientes

8 sardinas grandes limpias de cabezas y tripas, sin escamas y separadas en lomos (lo mejor, por experiencia, es que lo haga tu pescadero)

Para la marinada

el zumo y la ralladura de 1 lima

el zumo y la ralladura de ½ limón

150 ml de salsa de soja

150 ml de aceite de oliva suave

1 cucharada de vinagre de vino blanco suave o de manzana

½ cucharadita de jengibre rallado

½ cucharadita de sal

½ cucharadita de pimienta negra recién molida

Para servir

tostas de pan

tomate triturado, salpimentado y escurrido media hora en un colador

aceite de oliva

hojas de cilantro picado

La humilde sardina se viste de fiesta en este entrante sencillo y sin apenas cocinado. Estos lomos marinados están llenos de aromas orientales con un toque cítrico y chispeante, fresco y salino.

Nos gusta servirlos sobre pan, con poco aderezo adicional. En este caso, los presentamos en unas tostas con tomate rallado y cilantro. Prueba a acompañarlos con tomates secos, con aguacate, con hojas verdes de ensalada… a tu gusto.

1. Un detalle muy importante del plato es la limpieza y acabado que deben tener los lomos de sardinas, no podemos encontrar ni espinas ni escamas. Limpia también las partes laterales de los lomos para asegurarte de eliminar todas las espinas e igualarlos en forma y tamaño. Colócalos con la piel hacia arriba en una fuente amplia de forma ordenada para que no se amontonen.
2. Mezcla todos los ingredientes de la marinada (es decir, todos los ingredientes de la receta menos las sardinas) y cubre las sardinas con ella. Muévelas un poco para que se impregnen bien por abajo y por todas partes. Deben quedar perfectamente cubiertas. Tapa con tapa o film de cocina.
3. Déjalas macerando en la nevera una media de 24 horas. Desde las 18 horas se pueden consumir, pero a las 24 horas, en nuestra opinión, están en su punto perfecto de consumo.
4. Para servirlas, se sacan las sardinas y se secan ligeramente con papel de cocina. Preséntalas con tostaditas o crackers, acompañadas a tu gusto. En la foto las hemos servido sobre una base de tomate triturado, salpimentado y escurrido en un colador, con unas gotas de aceite de oliva y cilantro picado.

Sabores de siempre para alegrarte la vida

La nueva cocina apuesta por los clásicos. El paso del tiempo no hace más que reforzar el gusto por los grandes guisos y sabores de siempre, fuente de inspiración de las mejores creaciones actuales. No hay mejor remedio contra el mal humor que disfrutar de un sabor de la infancia, sentir ese regusto cálido y familiar de los platos de casa, de las madres y de las abuelas.

Recetas contra el mal humor

El pollo al ajillo de toda la vida

* **TIEMPO:** 40 min
* **PARA 4-5 PERSONAS**

Ingredientes

1 pollo de 1,5 kg troceado menudito, como para freír

1 cabeza de ajo

250 ml de vino blanco seco

2 cucharadas de perejil picado

sal o 1 pastilla de caldo de pollo

1 vasito de aceite de oliva virgen extra (150 ml)

pimienta negra en grano

1 hoja de laurel

perejil picado

Este pollo al ajillo es un clásico de la mejor cocina tradicional y casera. Uno de esos sabores que pintan una sonrisa a todos los que estén a la mesa, y un plato fácil y generoso de los que da gusto preparar.

Suponemos que hay muchas recetas de pollo al ajillo, tantas como abuelas y madres, pero nunca deben faltar los ajos y un buen vino blanco seco de la tierra de cada cocinero.

Para hacer un buen pollo al ajillo es mejor que el pollo esté troceado más bien menudito porque así tomará mejor los sabores. A la hora de servir, se puede añadir un chorro de limón. También se puede agregar al guiso en la cazuela unas ramas de romero o tomillo fresco, o cualquier especia para sazonar carnes.

1. Machaca los ajos de un golpe con el mango de un cuchillo grueso. Si lo prefieres, puedes dejarlos enteros y hacerles un corte longitudinal.
2. Dora el pollo bien troceado con los ajos y el laurel en el aceite. Echa unos granos de pimienta y la sal o pastilla de caldo pulverizada.
3. Ahora solo tienes que ir dándole vueltas para que se vaya dorando por igual. Ten paciencia, porque el pollo debe quedar bien dorado antes de seguir con el guiso.
4. Cuando esté dorado, añade el vino blanco y, cuando haya reducido el alcohol, vierte un vasito de agua si te gusta con algo de salsa. Si prefieres que el resultado sea más seco, intenta que se haga tapado y en su propio jugo, solo con el vapor del vino y el propio jugo de la carne. En cualquier caso, deja cocer entre 10 y 20 minutos hasta que el pollo enternezca.
5. Sirve caliente y espolvorea con perejil picado.

Patatas revolconas a la marinera

* TIEMPO: 40 min
* PARA 6 PERSONAS

Ingredientes

1,5 kg de patatas

2 hojas de laurel

6 dientes de ajo para las patatas + 2 dientes de ajo para el salteado

1 cucharadita colmada de pimentón dulce

caldo de pescado o caldo en cubitos para cocer las patatas (lo justo para cubrirlas)

12 colas de langostinos

1 rejo de pulpo cocido

1 punta de guindilla o pimienta de cayena

aceite de oliva virgen extra

sal y pimienta

perejil picado

Las patatas revolconas o patatas meneás son un clásico castellano tan conocido como apreciado en el resto de la gastronomía española.

Ya sabes que se suelen servir con torreznos, que no está nada mal, pero las hemos aligerado para que se acerquen al mar, y el resultado nos ha cautivado para siempre. Las preparamos con pulpo y langostinos, pero igualmente puedes usar mejillones o unas gambas o gambones.

1. Pela las patatas, trocéalas gruesas y cuécelas en un poquito de agua con laurel y sal hasta que estén completamente tiernas. Si tienes un caldo de pescado casero por casa, es el momento de usarlo para cocer las patatas, pero puedes emplear también caldo en cubitos.
2. Cuando estén tiernas, escúrrelas muy bien hasta que no tengan nada de líquido.
3. En una sartén con un fondo de aceite saltea los ajos picados. Cuando empiecen a dorar, añade el pimentón y, al momento, sin que llegue a quemarse, echa las patatas y revuelve bien.
4. Tienes que ir aplastándolas con una espumadera o un tenedor para que se vayan haciendo puré mientras cogen el sabor de la picada de ajo y pimentón. Salpimienta al gusto. Si está demasiado espeso, puedes poner un poquito de caldo de la cocción, a tu gusto.
5. Para el salteado marinero, pon un par de ajos laminados en un fondo de aceite junto con la pimienta de cayena. En cuanto tomen color, añadimos el pulpo troceado en rodajas y las colas de langostino. Salteamos un par de minutos.
6. Las patatas se sirven calientes, recién hechas, con el salteado marinero por encima y un toque de perejil picado.

Tosta de brandada con yema curada

* TIEMPO: 30 min
* PARA 4 PERSONAS

Ingredientes

4 tostadas de mollete o de un pan en rebanadas que tenga consistencia

Para las yemas curadas

4 yemas de huevo

200 g de sal

100 g de azúcar blanca

Para la brandada

250 g de bacalao desmigado y desalado

2 dientes de ajo

2 cucharadas de puré de patatas en copos

100 ml de nata para cocinar

aceite de oliva virgen extra

pimienta negra

perejil picado para decorar

Esta tosta es uno de esos platillos que descubres un día y se quedan para siempre en tu cocina. Se prepara sin dificultad y es un bocado original, delicioso y muy especial.

La yema curada es todo un descubrimiento para acompañar multitud de platos, verduras, tostadas de desayuno, cenas ligeras... En este caso, aporta una cremosidad extra a la brandada y matiza la salinidad del bacalao.

1. Para hacer las yemas curadas, mezcla muy bien la sal con el azúcar hasta que se integren por completo. En un bol de porcelana o vidrio extiende una capa de la mezcla y haz unos huecos para las yemas.
2. Coloca en esos huecos las yemas de huevo y cubre con más mezcla de sal y azúcar. Déjalas así 2 horas en un lugar fresco.
3. Cuidado al extraer las yemas de la sal, que pueden romperse. Sácalas con un buen cucharón y con parte de la sal que tienen alrededor y elimina la sal con cuidado, incluso rociándolas con un poco de agua para que se disuelva.
4. Para la brandada, pon un fondo de aceite al fuego y añade los ajos muy picados o triturados. Al momento, sin que lleguen a tomar color, incorpora el bacalao y da un par de vueltas.
5. Añade la nata y, en cuanto veas que se ha calentado, echa el puré. Vete ligando el conjunto mientras con un tenedor o una espumadera lo vas rompiendo para que quede como una masa. Deja la textura que te guste, más o menos gruesa. Puedes dar un toque de pimienta.
6. Deja que temple un poco y lo sirves en una capa generosa sobre una tostada de pan caliente, de tamaño medio para que sea de ración (para una persona), coronando con la yema curada y un poco de perejil picado.

El cocido de verduras de mi madre

* TIEMPO: 30 min preparación + 30 min cocción (en olla a presión)
* PARA 4-5 PERSONAS

El cocido de verduras de mi madre es uno de esos platos evocadores, siempre bien recibido por todos, que inundan la casa de aromas que ya alimentan por sí solos. En este caso, lo hemos preparado al estilo andaluz y se sirve todo en un plato hondo mezclando las carnes con las verduras y legumbres. De todas formas, puedes servir antes la sopa de cocido si quieres presentarlo al estilo castellano.

Ingredientes

250 g de garbanzos

300 g de codillo (morcillo) de cerdo, si es posible con el hueso

1 chorizo de guiso

1 morcilla de guiso

1 hueso de jamón

150 g de panceta curada

¼ de gallina o pollo sin piel

1 patata grande

200 g de verduras variadas a tu gusto: calabaza, judías verdes, apio, zanahoria, guisantes, habitas tiernas…

100 g de arroz (o fideos medianos)

1 ramita de hierbabuena

1 cucharadita de sal

1 cucharadita de bicarbonato

1. Deja en remojo los garbanzos la víspera con sal y bicarbonato.
2. Pon a cocer a fuego medio el codillo, el chorizo, la morcilla, el hueso de jamón, la panceta y el pollo. Cuando empiece a hervir, vete retirando la espuma que se vaya formando con una espumadera. Si es necesario, añade agua para que no se quede seco, tiene que estar bien cubierto de agua.
3. Cuando el agua esté bien limpia, corta el hervor con algo más de líquido y agrega los garbanzos escurridos y bien lavados. Se pueden poner en una bolsa legumbrera por si hay que sacarlos antes de que las carnes estén listas.
4. Deja que hierva todo junto unas 2 horas, dependiendo de la dureza de las carnes y los garbanzos. En una olla a presión te bastará con una media hora.
5. Cuando todo esté al punto, saca las carnes y las reservas. Añade la patata y las verduras troceadas para que cueza todo junto con los garbanzos y se enternezca.
6. Para evitar que se pasen las cocciones de los demás ingredientes, extrae caldo del cocido y en una cazuela aparte cuece el arroz o los fideos en el caldo con una ramita de hierbabuena. Mientras tanto, trocea las carnes.
7. Al finalizar incorpora el caldo con el arroz al resto del cocido y sirve todo junto en el plato: garbanzos, verduras, caldo y arroz, con las carnes troceadas en una bandeja aparte o integradas en el plato.
8. También puedes servir la sopa con los fideos o el arroz por un lado y las legumbres con las carnes y verduras por otro, pero el estilo andaluz es servir todo junto con su caldo.

Patatas picantonas con ajillo andaluz

* TIEMPO: 30 min
* PARA 4 PERSONAS

Se podría decir que estas patatas picantonas son una variedad de patatas bravas en las que la salsa tradicional se enriquece con esos aromas y especias de influencia árabe que nos gustan por el sur.

El ajillo andaluz es una salsa de tomate aromática y chispeante. En cuanto la pruebes, se la echarás a las patatas, a un par de huevos fritos, a unas verduras a la plancha y a casi cualquier cosa que te pongan por delante.

Ingredientes

3 patatas grandes

aceite de oliva virgen extra

sal al gusto

4 huevos

Para el ajillo andaluz

½ kg de tomate triturado

3 dientes de ajo grandes triturados (en el mortero o con el prensa ajos)

1 cucharadita de cominos molidos

1 cucharadita de pimentón

½ cucharadita de pimentón picante

1 chorro de vinagre de vino blanco (2 cucharadas)

1 cucharadita de azúcar

un chorretón de aceite de oliva virgen extra

sal al gusto

1. Pela y corta las patatas en dados más o menos regulares. Dales un punto de sal, mezcla y fríelas en aceite caliente hasta que estén crujientes y doraditas. Recuerda poner primero el aceite a fuego medio y subirlo al final para que se hagan bien por dentro y se doren por fuera. Mientras se fríen las patatas, prepara el ajillo.
2. Para el ajillo, calienta el aceite en una cazuela al fuego. Añade el ajo machacado y el comino para que liberen sus aromas y, al momento, sin dejar que el ajo tome color, echa los dos pimentones.
3. Revuelve para que se integren en el aceite y, sin dejar que se quemen para que no amarguen, agrega el chorrito de vinagre y el azúcar.
4. No hay que esperar mucho, solo hasta que el vinagre humee un poco. Pon entonces el tomate y la sal y deja que la salsa reduzca y espese al fuego entre 8 y 10 minutos siempre con la cazuela destapada para que se vaya concentrando. Hay que tener cuidado y bajar el fuego porque el tomate tiende a salpicar.
5. Si quieres una textura más fina, puedes pasar la salsa por la batidora. Sírvela caliente sobre las patatas fritas.
6. Fríe los huevos en aceite o a la plancha si quieres reducir calorías. Colócalos sobre el ajillo y las patatas fritas y calientes y sirve al momento.
7. Y si quieres hacer un plato aún más consistente, acompaña con un par de pimientos fritos, ¡y a disfrutar!

Merluza suflé con alioli

* TIEMPO: 30 min
* PARA 4 PERSONAS

Ingredientes

4 lomos de merluza desespinados

sal y pimienta

perejil picado

Para el alioli

2 huevos enteros

300 ml de aceite de oliva suave

1 diente de ajo sin el germen central

sal al gusto

Esta merluza se prepara con muy pocos ingredientes y la tienes lista casi sin darte cuenta, porque se cocina solita en el horno y sin complicarte la vida. Con estos mismos ingredientes y elaboración puedes preparar también lomos de mero, de rosada, de bacalao...

Como sabes, la receta original del alioli es sin huevo, pero en este caso lo añadimos para que la salsa dore y suba un poco durante el horneado.

1. Preparamos el alioli como una mayonesa casera, poniendo en el vaso de la batidora los huevos, la sal, el aceite y el diente de ajo picado. Bate para ligar y emulsionar la salsa hasta que adquiera la consistencia de una mayonesa espesa, si queda demasiado clara se nos derretirá en el horno. Si es necesario, añade más aceite. Prueba de sal.
2. Salpimienta el pescado y asegúrate de que esté bien seco. Si es necesario, sécalo con papel de cocina.
3. Precalienta el horno a 190 °C.
4. Coloca los lomos algo separados en una fuente de horno, cubre cada uno con un buen cucharón de alioli repartiéndolo bien por la toda la superficie y espolvorea el perejil picado.
5. Hornea unos 20 minutos en total. Primero ponlo en la parte central del horno con calor arriba y abajo para que se haga bien el pescado por dentro. Después de unos 15 minutos, déjalo solo con calor arriba, bajo el grill, para que la superficie se dore un poquito.
6. Sirve al momento, recién hecho, para que no se baje mucho el gratinado.
7. Una buena guarnición para este plato es un salteado de ajo laminado con tiras de pimiento del piquillo y perejil picado o, sencillamente, unos pimientos del piquillo enteros pasados por la plancha con un poquito de aceite.

Pechugas Villeroy al revés

* **TIEMPO:** 30 min
* **PARA 4-6 PERSONAS**

Estas pechugas parecen unos filetes de pollo empanados de toda la vida, pero cuando los cortas, ¡sorpresa!, aparece un relleno cremoso en su interior.

Como hacer las clásicas pechugas Villeroy envueltas en bechamel es tan laborioso, un día se nos ocurrió hacerlas al revés, rellenando los filetes de pollo con bechamel, y el resultado fue un éxito. Eso sí, necesitas unos filetes de pollo bien finitos para que el plato no resulte pesado, y una salsa bechamel espesa para el relleno. Es como una croqueta envuelta en filetes de pollo y empanada, ¿te lo imaginas?

Ingredientes

12 filetes de pollo de corte fino

sal y pimienta

Para la bechamel

300 ml de leche

2 cucharadas de harina

50 g de taquitos de chorizo o jamón

1 cucharada colmada de mantequilla (unos 30 g)

sal y pimienta

nuez moscada

½ cebolla pequeña

perejil picado

1 yema de huevo

Para empanar

harina

huevos

pan rallado

1. Salpimienta los filetes de pollo.
2. Prepara una bechamel espesa, como para croquetas. Para ello, rehoga la cebolla en la mantequilla, agrega los taquitos de chorizo o jamón y, al momento, añade la harina. Deja dorar un poquito revolviendo para que se integre con la mantequilla.
3. Vierte la leche a temperatura ambiente muy poquito a poco y sin dejar de remover. Salpimienta, echa perejil picado e incorpora una yema mezclando bien, junto con una pizca de nuez moscada. Deja que enfríe un rato para que coja consistencia.
4. Cuando la bechamel esté fría, pon una porción (del tamaño de una croqueta) sobre cada filete y tapa con otro filete. Pásalo por harina, huevo batido (usamos la clara que nos ha sobrado y el otro huevo entero) y pan rallado, prensando bien.
5. Fríe en aceite caliente y sirve al momento, con una guarnición de verduras o una ensalada verde.

Huevos rotos con gambones al ajillo

* TIEMPO: 30 min
* PARA 4 PERSONAS

Ingredientes

3 o 4 huevos camperos

3 patatas medianas para freír

200 g de colas de gambones (o langostinos, a tu gusto)

4 dientes de ajo en láminas

aceite de oliva virgen extra

1 cucharadita de pimentón dulce

1 punta de guindilla o pimienta de cayena

sal y pimienta

perejil picado

Estos huevos los servían hace muchos años en una venta de carretera cercana a Sevilla, de cuyo nombre no consigo acordarme.

Aquel lugar siempre estaba abarrotado de familias y amigos los fines de semana, y en ninguna mesa faltaba esta bandeja sugerente y perfecta, llena de productos ricos y perfectamente combinados.

A tu gusto queda el que elimines alguno de los ingredientes si quieres hacer el plato más ligero, pero tal como está te aseguramos que no hay ninguna pega que ponerle.

1. Pela las patatas, córtalas en rodajas como de ½ centímetro y fríelas en aceite de oliva bien caliente hasta que estén doradas.
2. Mientras se fríen las patatas, salpimienta los gambones. Saltea los ajos laminados en un poquito de aceite de oliva en una sartén con la guindilla.
3. Cuando el ajo empiece a tomar color, añade los gambones y deja que se cocinen un par de minutos.
4. Puedes freír los huevos en el aceite de las patatas, una vez que estén listas.
5. Para montar el plato, pon en la base las rodajas de patata frita. Cubre con los huevos y echa por encima los gambones bien repartidos para que no oculten del todo los huevos.
6. Solo nos queda espolvorear con pimentón y un poco de perejil picado y servir al momento, rompiendo los huevos sobre el resto de los ingredientes.

Alubias tío Lucas a la madrileña

* TIEMPO: 40 min (si usas olla a presión)
* PARA 4-5 PERSONAS

Ingredientes

500 g de alubias blancas

200 g de tocino entreverado (puedes sustituir por panceta curada)

1 cabeza de ajo pequeña + 4 dientes de ajo fileteados

1 cebolla mediana

2 hojas de laurel

aceite de oliva virgen extra

1 cucharadita de pimentón dulce

1 cucharadita de comino molido

sal al gusto

No hay mejor remedio contra el frío que un buen plato sopero de alubias tío Lucas preparadas con esta receta antigua que no se ha podido mejorar con el paso del tiempo, porque era imposible.

Cuenta la leyenda que el tío Lucas regentaba una taberna en el Madrid de mediados del siglo XIX, entre las calles Sevilla y Alcalá, y hasta ella se llegaban los parroquianos a la salida de los teatros para degustar las famosas alubias. Sea o no cierta la historia, esta sencilla receta ha soportado bien los años transcurridos y sigue presente en muchas cartas y cocinas.

La elaboración es muy sencilla y, aunque admite variantes, parece que un buen tocino entreverado y unos golpes de pimentón y comino nunca deben faltar en este plato centenario.

1. Las alubias deben estar en remojo desde la noche anterior. Después, escúrrelas muy bien y ponlas en una cazuela junto con el tocino entreverado o la panceta, el laurel, la cabeza de ajos y ½ cebolla.
2. Lleva a ebullición y corta dos o tres veces el hervor con agua fría. Luego, mantenlas a fuego lento el tiempo necesario para que estén tiernas pero enteras. El tiempo dependerá de la dureza del agua y de la calidad de la alubia, pero en algo más de 1 hora deberían estar listas. Puedes usar también la olla a presión para acelerar el proceso y las tendrás en unos 20 minutos. Cuando estén listas, retira del fuego y rectifica de sal.
3. Mientras se cuecen las alubias, prepara un sofrito en aceite de oliva con la otra mitad de la cebolla picada y 4 dientes de ajo laminados. Cuando la cebolla esté bien pochada, añade el comino y después el pimentón. Da un par de vueltas, retira del fuego e incorpora a la olla de alubias.
4. Ya solo te queda remover el guiso para que se integren todos los sabores, de abajo a arriba y con delicadeza, y dejar reposar el guiso, incluso de un día para otro, antes de disfrutarlo.

Solomillo de ternera a la Borgoña hecho con vino español

* TIEMPO: 20 min
* PARA 4 PERSONAS

El solomillo de ternera a la Borgoña es un gran clásico francés que vuelve locos a los carnívoros de todo el mundo. Pero no tienes que irte a buscar de tienda en tienda una botella de vino de Borgoña para disfrutarlo. Con un buen tinto español del Bierzo, un Ribera del Duero o un Rioja que te guste, disfrutarás igualmente del plato.

Un buen solomillo apenas hay que tocarlo, lo haremos a la plancha vuelta y vuelta; así que el secreto del plato está en la deliciosa salsa que lo acompaña, que puedes servir también con otros cortes de ternera o con otras carnes de cerdo o aves, ya sean asadas o a la parrilla.

Ingredientes

4 medallones de ración de solomillo de ternera

75 g de mantequilla

2 chalotas o cebolletas

250 ml de un buen vino tinto a tu gusto

1 rama de romero fresco

1 cucharada de harina

300 ml de caldo de carne (si no tienes caldo casero, hazlo con cubitos)

1 cucharadita de extracto de carne (el clásico Knorr Bovril®)

pimienta negra recién molida

unas gotas de zumo de limón

sal y pimienta al gusto

perejil fresco

patatas

1. En una sartén pon un tercio de la mantequilla y saltea la chalota o cebolleta picada finísima.
2. Cuando la cebolla esté pochada, añade un vaso (de los de agua) de vino tinto y pon dentro una rama de romero. Hay que dejar que el vino reduzca a la mitad de su volumen mientras se evapora el alcohol y se concentran los sabores.
3. En otra cazuela pon otro tercio de mantequilla (más o menos una cucharada), añade la harina y revuelve para que se tueste. Entonces incorpora el vino reducido (saca el romero), el caldo y el concentrado de carne. Deja que espese y reduce al fuego hasta que tenga una consistencia líquida pero bien ligada y ligeramente cremosa. Al final echa un poco de pimienta molida y un chorrito de zumo de limón.
4. Para hacer la carne, utiliza el tercio de mantequilla que te queda. Séllala vuelta y vuelta en una parrilla o sartén y la salpimientas ya fuera del fuego. Desglasa la sartén con un poco de la salsa e incorpórala al total para aprovechar los jugos de la carne.
5. Sirve la carne al momento, napada con la salsa, con unas patatitas al vapor salteadas con mantequilla y perejil.

Sopa mallorquina de pan y verduras

* TIEMPO: 30 min
* PARA 4 PERSONAS

Ingredientes

250 g de lomo de cerdo en tiras o dados muy menuditos

1 cebolla pequeña

1 pimiento verde o rojo

3 dientes de ajo

1 cucharadita de pimentón dulce

4 cucharadas de tomate triturado

¼ de col blanca

150 g de cuartos de alcachofa

150 g de setas o champiñones

caldo de verduras

200 g de pan payés asentado

2 cucharadas de sobrasada mallorquina

aceite de oliva virgen extra

sal y pimienta

perejil picado

Esta sopa se disfruta todo el año porque se prepara en cada estación con las mejores verduras de temporada. La mallorquina es una sopa consistente, con una riqueza de sabor y de ingredientes que la convierten en una delicia muy especial a pesar de su aparente sencillez.

Pon a trabajar tu imaginación para darle una vuelta a esta receta y prepararla con tus verduras favoritas o con las que tengas por casa: alcachofas, setas, judías verdes... todo está permitido en este generoso plato. Solo deberás tener en cuenta los tiempos de cocción de cada verdura para que el plato resulte equilibrado.

1. Pon en una cazuela ancha y honda un fondo de aceite. Rehoga la cebolla y el pimiento cortados en juliana con los ajos laminados. Cuando estén bien pochados, añade el lomo y lo «mareamos» unos minutos en el sofrito para que se cocine.
2. Cuando la carne esté dorada, agrega el pimentón, da unas vueltas e incorpora el tomate triturado. Deja reducir un par de minutos.
3. Ya puedes añadir el resto de las verduras, col, alcachofas y champiñones, cortados menudos para que sea fácil comerlos con cuchara. Baja el fuego para que se rehogue todo junto unos minutos hasta que la verdura reduzca su volumen (sobre todo la col).
4. Añade el caldo y deja cocer a fuego medio hasta que la verdura enternezca, pero sin que se deshaga. Regula el nivel de líquido porque el resultado no debe quedar muy caldoso.
5. En una cazuela de servicio dispón en el fondo las rebanadas de pan bien secas y asentadas. Reparte por encima la sobrasada desmenuzada y después vas vertiendo las verduras cocinadas con su caldo para que se empape el pan.
6. En la presentación a la mesa, las verduras no deben estar cubiertas de caldo, sino secas en la superficie.
7. Para servir cada plato, sácalo de abajo a arriba, con el pan y la sobrasada que están en el fondo. Rocía con un hilo de aceite de oliva antes de comer la sopa.

Porrusalda con bacalao y ajada

* TIEMPO: 25 min
* PARA 4 PERSONAS

Ingredientes

250 g de migas de bacalao desalado

3 o 4 puerros, según tamaño

½ cebolla

1 zanahoria hermosa

2 patatas medianas (unos 400 g)

4 dientes de ajo

aceite de oliva virgen extra

sal y pimienta

1,2 l de caldo de verduras o de pescado

Esta porrusalda con bacalao y ajada es una versión libre de la tradicional, con un punto más de sabor. La receta de porrusalda es uno de los grandes clásicos entre los platos de cuchara del recetario español. Es originaria de la gastronomía vasca, pero, a pesar de su sencillez, se ha adoptado en otros muchos territorios con distintas variantes. Las más clásicas son las que sustituyen la zanahoria por calabaza, o las que añaden otros pescados en lugar de bacalao (merluza o salmón).

1. Lava las verduras y trocéalas de la siguiente manera: la zanahoria, en rodajas más bien gruesas. La cebolla, en una juliana gruesa. El puerro, en rodajas gruesas y aprovechando la parte más blanca. La patata, en trozos para guiso, pero chascadas, cortando con el cuchillo y tronchando la última parte para que suelten después su almidón y engorden la salsa.
2. En una cazuela con aceite de oliva saltea los ajos laminados hasta que empiecen a tomar color. Retíralos y reserva.
3. En ese mismo aceite rehoga ahora la cebolla sin que tome color. Añade un poco de sal. Puedes omitir este paso y preparar la porrusalda solo con el puerro, la zanahoria y la patata, pero la cebolla intensifica el sabor.
4. A medio hacer, incorpora los puerros y deja que rehoguen unos minutos. Esto potenciará su sabor en el resultado final.
5. Añade las zanahorias y las patatas troceadas, revuelve 1 minuto, cubre solo lo justo con el caldo y tapa para que se cocine lentamente y al punto, sin que las patatas se deshagan, pero hasta que todo esté tierno. Lo normal es que se cocine entre 20 y 30 minutos. Corrige el nivel de caldo para que quede como una sopa espesa.
6. En el último momento agrega los taquitos de bacalao limpio de espinas y cortado más bien menudito. Dale un hervor de un par de minutos y ya tienes listo el plato.
7. Añade por encima los ajos laminados y fritos y sirve la porrusalda bien calentita con un toque de pimienta molida al momento.

Presa ibérica adobada y a la sal

* TIEMPO: 60 min
* PARA 4 PERSONAS

Ingredientes

una pieza entera de presa ibérica (no es necesario quitar y limpiar toda la grasa porque se infiltra y le aporta jugosidad)

sal especial para hornear o sal gruesa humedecida con un poquito de agua

aceite de oliva virgen extra

Para el adobo

1 cucharadita de orégano

1 cucharadita de pimentón

1 cucharadita de comino molido

2 hojas de laurel

perejil picado

2 dientes de ajo triturados

100 ml de vino blanco seco

100 ml de aceite de oliva virgen extra

el zumo de ½ limón

sal al gusto

pimienta negra molida

Esta presa ibérica adobada y a la sal es un plato perfecto para lucirte sin mucho esfuerzo en ocasiones especiales.

Así cocinada, la presa ibérica admite muchos usos y presentaciones. Puede servirse caliente, recién hecha o fría, con un hilo de aceite de oliva por encima y espolvoreada con especias o pimentón dulce. Y puedes acompañarla con alguna salsa especial para carne.

La presa es uno de los grandes cortes del cerdo ibérico, quizá el más valorado en las cocinas. Es tierno y sabroso, con una veta grasa no tan pronunciada como en otras piezas, la justa para darle una jugosidad melosa y única.

1. Para empezar, prepara el adobo mezclando todos los ingredientes en un bol. Con esa mezcla embadurna la carne y la dejas así de un día para otro, dándole la vuelta a mitad del proceso.
2. Precalienta el horno a 180 °C.
3. Coloca una cama de sal en una bandeja de horno. Pon la presa ibérica encima sin enjuagar, embadurnada en los restos del marinado. Estos restos forman una capa que aísla un poco la carne de la sal.
4. Termina cubriendo muy bien la presa con otra capa gruesa (1 cm) de sal. No deben quedar huecos.
5. Horneála 40-50 minutos según el tamaño de la pieza de carne (entre 25 y 30 minutos por kilo).
6. Transcurrido ese tiempo, sácala e inmediatamente rompe la costra de sal para extraer la presa. No la dejes reposar porque cogerá demasiada sal. Elimina todos los restos de sal muy bien, incluso con un paño húmedo y limpio, y sirve al momento, loncheada y rociada con un hilo de aceite de oliva. También se puede servir fría.

Ajoatao de Jaén con atún y pimientos

* TIEMPO: 30 min
* PARA 4 PERSONAS

Ingredientes

500 g de patatas

2 dientes de ajo sin el germen central

sal y pimienta

1 yema de huevo

unas gotas de zumo de limón

150 ml de aceite de oliva virgen extra

Para acompañar

tostaditas de pan

ventresca de atún en conserva

pimientos asados o del piquillo, enteros o en tiras

El ajoatao es una receta tradicional de Jaén, un plato serrano preparado en muchos pueblos de la provincia con diferentes singularidades e ingredientes. En realidad, no es más que una crema de patata, ajo y sal emulsionada con el gran aceite de oliva de la zona. En Jaén se suele servir acompañando carnes, pero también es habitual presentarlo al centro para untar en tostaditas de pan.

Como otros muchos platos sencillos, el ajoatao acompaña de maravilla casi cualquier bocado. Y así como lo ves en esta receta, nos lo sirvieron hace años por aquellas tierras y desde entonces se instaló para siempre en nuestra cocina.

1. Para empezar, cuece las patatas con su piel en agua con sal. Cuando estén tiernas, deja que se enfríen, pélalas y reserva.
2. En un bol hondo pon los ajos triturados junto con la sal y pimienta. El ajo tiene que estar hecho puré. Añade las patatas y las vas triturando igualmente hasta que quede una pasta lisa. Agrega la yema de huevo y unas gotas de zumo de limón y lo integramos todo.
3. Añade el aceite poco a poco y sigue removiendo. Asegúrate de mover siempre para el mismo lado con la maja del mortero o con el tenedor (lo que estés usando) porque, al llevar una yema, la preparación puede cortarse. Si no quieres usar huevo crudo, elimínalo, aunque aporta mucha untuosidad a la mezcla.
4. Para servir, tuesta unas rebanadas de pan, úntalas generosamente con el ajoatao, una capa gruesa, y corona con el pimiento y unas lascas de ventresca de bonito con su aceite.

Sopa de cebolla a la española con huevo y jamón

* **TIEMPO:** 20 min
* **PARA 4 PERSONAS**

Ingredientes

2 cebollas grandes

12 rebanadas de pan de barra

120 g de taquitos de jamón ibérico

1 l de caldo de carne o de pollo, mucho mejor si es caldo casero

4 huevos

sal y pimienta

aceite de oliva virgen extra

Si te gusta la sopa de cebolla a la francesa, con sus rebanadas de pan y su queso fundido, tienes que probar esta versión española, con caldo de carne y jamón ibérico, que no tiene nada que envidiarle a la de nuestros vecinos.

El plato es tan sencillo y rápido de preparar que se puede improvisar para un almuerzo o cena especiales siempre que tengas por casa algo de pan duro y un buen jamón.

1. En una cazuela pon un poco de aceite de oliva virgen extra y añade las cebollas cortadas en juliana fina o en rodajas. Rehógalas a fuego lento hasta que estén bien pochadas y transparentes, añadiendo una pizca de sal para que suelten su humedad.
2. Mientras se pocha la cebolla, puedes ir tostando las rebanadas de pan en el tostador o en el horno, como prefieras. Deben ser gruesas, como de 1 centímetro.
3. Cuando la cebolla esté muy tierna, sube el fuego para que tome algo de color. Esto potenciará mucho el sabor de la sopa, pero hay que tener cuidado para que no se queme.
4. Con la cebolla al punto, solo te queda añadir el caldo y probar de sal.
5. Para montar y servir el plato, lo ideal es usar cazuelas de barro que puedan ir al horno. Coloca en cada cazuela individual 3 rebanadas de pan. Pon unos taquitos de jamón ibérico en cada una y vierte por encima un par de cazos de caldo con cebolla. Haz un hueco en el centro y casca un huevo en cada cazuela. Salpimienta cada huevo.
6. Metemos al horno a 200 °C hasta que el huevo cuaje al gusto de cada cual. Sirve el plato bien calentito con unos taquitos más de jamón por encima en cada cazuela.

Cocina internacional con ingredientes sencillos

Una de las experiencias más estimulantes que nos regalan los viajes por el mundo es adentrarnos en sabores desconocidos, sorprender al paladar en mercados y restaurantes de las calles más populares y concurridas en cualquier ciudad lejana. La globalización ha puesto a nuestro alcance ingredientes y platos de otras tierras que nos permiten viajar sin salir de casa a través de esos sabores exóticos cada vez más familiares.

Los sabores del mundo

Pollo korma al estilo hindú

* TIEMPO: 30 min
* PARA 4 PERSONAS

Ingredientes

600 g de pechugas de pollo enteras

3 dientes de ajo

1 yogur natural sin azúcar (125 g)

1 cucharadita de cúrcuma molida

1 cucharadita de jengibre molido

1 cebolla tierna y dulce

1 hoja de laurel

2 cucharadas de salsa de tomate

1 cucharada de azúcar morena

1 cucharada de curry suave en polvo

250 ml de caldo de pollo o verduras

150 ml de leche de coco (se puede sustituir por nata líquida)

2 cucharadas de almendra molida

cilantro fresco

sal y pimienta

mantequilla

unas gotas de aceite

Esta receta es un clásico de la cocina hindú en la que los curris juegan un papel primordial. La salsa korma es un curry aligerado con yogur al que además se añaden almendras y leche de coco, ¿qué puede salir mal? El resultado es una delicia aromática y ligeramente picante que se convertirá en un básico de tu cocina.

En nuestra receta hemos simplificado alguno de los ingredientes para hacerlos más accesibles y sencillos, pero el resultado no se resiente.

1. Para empezar, trocea el pollo en dados (en la receta tradicional, nunca son más grandes que un bocado). Si prefieres cortarlo en filetes o medallones, hazlo a tu estilo. Salpimienta.
2. En un bol pon el pollo, los ajos majados o triturados, la cúrcuma, el jengibre y el yogur, mezclando todo muy bien. Deja macerar al menos un par de horas.
3. Pica la cebolla en una juliana fina y la rehogas con el laurel en un fondo de mantequilla en una cazuela o sartén. Añade unas gotas de aceite para que la mantequilla no se queme. Cuando esté bien pochada, agrega el tomate, el curry y el azúcar morena y da un par de vueltas.
4. Ve añadiendo en varias veces el pollo macerado y lo vas salteando lentamente en la cazuela hasta que lo tengas todo al fuego junto con el yogur y la mezcla del macerado.
5. Cocina tapado y a fuego lento unos 15 minutos, removiendo a menudo.
6. Destapa e incorpora la leche de coco y la almendra, y termina de guisar hasta que la salsa tenga una consistencia concentrada y cremosa. Si ves que resulta demasiado espeso vas añadiendo un poco de caldo de pollo o verduras, aunque puede que no sea necesario.
7. Para servir, espolvoreamos un poco de cilantro fresco y acompañamos con un arroz blanco y con pan de pita, pero también puedes usar el pan naan de la receta que te damos en este libro (ver págs. 20-21).

Solomillo Wellington de cerdo

* TIEMPO: 60 min
* PARA 6-8 PERSONAS

Ingredientes

1 solomillo de cerdo de entre 1 y 1,5 kg

300 g de champiñones frescos

1 cebolleta fresca

1 lata pequeña de paté de hígado de cerdo (unos 70 g)

1 masa de hojaldre rectangular

120 g de jamón curado en lonchas

mostaza (opcional)

sal y pimienta

aceite de oliva virgen extra

1 lámina de hojaldre refrigerado (mejor si es rectangular)

1 huevo batido para pintar el hojaldre

harina

El solomillo Wellington es uno de los grandes clásicos de la cocina internacional, y en la receta original se prepara con lomo o solomillo de buey o vaca. El uso del cerdo simplifica el plato y lo hace más accesible a las economías domésticas.

Los pasos que debes seguir se asemejan a los de la receta tradicional, pero se acortan los tiempos de cocinado y cocción en el horno.

Elige un solomillo de cerdo de buen tamaño, que tenga más de 1 kg de peso, y dale el tratamiento previo que te aconsejamos antes de llevarlo al horno para que la receta resulte perfecta y la carne esté en su punto.

1. Para empezar, retira bien toda la grasa de la carne, para que quede lo más magra posible.
2. Salpimienta la pieza de solomillo al gusto por el exterior y pásala por un poco de harina. Después, séllala en un poco de aceite al fuego. Con la harina conseguimos que el interior retenga mejor los jugos de la carne para que no nos quede seca. En cualquier caso, puedes omitir el uso de la harina si lo prefieres.
3. Una vez dorada la carne por todos los lados, la retiras y la envuelves en film transparente, bien cubierta. La carne tiene que estar templada o fría para montar luego el plato, y de esta manera evitamos que se reseque mientras se enfría.
4. Ahora prepara la duxelle de champiñones y cebolla. No es más que un salteado de cebolla y champiñones muy picados (puedes incluso usar la picadora). Nuestra recomendación es que cortes la cebolla en una juliana finísima y los champiñones, en dados pequeñísimos. Tiene que quedar casi como una pasta.
5. Saltea primero la cebolla en aceite. Cuando empiece a dorar, añade los champiñones, salpimienta y deja que se cocinen un par de minutos. Agrega la lata de paté para completar la farsa y mezclamos bien.

PARA MONTAR EL SOLOMILLO WELLINGTON

1. Dispón la plancha de hojaldre sobre el papel que trae el envase o sobre film transparente. Pon unas lonchas de jamón bien extendidas y ordenadas sobre el hojaldre. Distribuye por encima del jamón la farsa de champiñones.
2. Quita el film de la carne ya templada, úntala con la mostaza, si te gusta, y la colocas encima del hojaldre. Tienes que intentar que la carne lleve farsa de champiñones por todas partes; extiéndela bien en el hojaldre para que envuelva bien la carne.
3. Ya solo te queda cerrar perfectamente el hojaldre sobre la carne, dejando la unión bien sellada y en la parte de abajo para mejorar la presentación. Puedes ayudarte de un film transparente.
4. Pon unas tiras de hojaldre por encima a modo de decoración formando rombos y pincela con huevo batido.
5. Asa entre 20 y 25 minutos en la parte media del horno, hasta que el hojaldre esté dorado. Recuerda que estamos cocinando una carne de cerdo y que no debe quedar poco hecha, sino al punto.
6. Deja reposar 10 minutos antes de cortarlo para que se asienten los sabores y el hojaldre esté crujiente. Corta en rebanadas gruesas con un cuchillo muy afilado, para que no se nos desmonte el hojaldre.
7. Acompaña con alguna ensalada verde y crujiente (con unos granos de granada, por ejemplo), unas patatas Hasselback como las que ves en las fotos o con un puré de manzanas.

CONSEJOS Y COMENTARIOS

- Puedes sustituir el jamón por jamón cocido o panceta ahumada.
- Para aromatizar, puedes añadir un chorrito de coñac o de oloroso seco a la duxelle de champiñones cuando esté al fuego y dejar que evapore muy bien el alcohol. Después añades el paté y sigues con la receta.

Strogonoff de ternera

*TIEMPO: 30 min
*PARA 4 PERSONAS

Ingredientes

600 g de solomillo de ternera en filetes no demasiado finos

250 ml de nata líquida de cocina

el zumo de ½ limón

75 g de champiñones

1 cucharada de mantequilla

1 copita de vodka (se puede sustituir por coñac o vino blanco)

1 cebolla

nuez moscada

sal

pimienta negra

aceite de oliva

El Strogonoff de ternera es de origen ruso y se popularizó durante el siglo XX en las cocinas de todo el mundo.

Aunque en cada lugar el Strogonoff tiene sus peculiaridades, el plato clásico combina pocos ingredientes, sencillos y de calidad, con lo que se respeta al máximo el producto.

Esta misma receta se puede preparar con otras carnes, aves, cerdo... siguiendo la misma elaboración sencilla. Se suele presentar con arroz blanco, con berenjenas fritas o con pasta salteada en mantequilla.

1. Mezcla la nata con el zumo de limón y deja en reposo una media hora.
2. Limpia los champiñones y córtalos en láminas no demasiado finas.
3. Trocea los filetes en tiras de buen tamaño y los salteas en el aceite y la mantequilla a fuego fuerte durante unos minutos (el tiempo depende del grosor de los trozos de carne para que queden al punto), removiendo para que no se peguen. Agrega el vodka y deja reducir.
4. Retira la carne y en esa misma sartén dora la cebolla picada (añade más grasa si es necesario) e incorpora los champiñones. Rehoga unos minutos hasta que estén hechos, vierte la nata, sal, pimienta y nuez moscada y reduce la salsa.
5. Al final incorpora la carne, mezcla con la salsa y sirve. La tradición manda acompañarlo con arroz blanco y berenjenas fritas.

Tajín de cordero con ingredientes sencillos

* **TIEMPO:** 40 min
* **PARA 6 PERSONAS**

El tajín o tayín de cordero es un guiso tradicional de la cocina árabe muy aromático, de sabores concentrados, meloso y ligeramente agridulce.

En realidad, el tajín es el clásico recipiente de tapa cónica en el que se prepara, que le confiere un carácter especial al plato al retener la humedad y sabor durante el cocinado. No te preocupes, aquí te contamos cómo preparar el tajín en una cazuela tradicional, y el resultado es una delicia absoluta. Además, en nuestra receta todos los ingredientes son sencillos y accesibles.

Ingredientes

1,2 kg de pierna de cordero lechal troceada

1 cebolla

4 dientes de ajo

1 cucharadita de jengibre

1 cucharadita de comino molido

½ cucharadita de canela

un par de golpes de clavo

un par de golpes de nuez moscada

hasta 500 ml de caldo de carne

120 g de ciruelas pasas

1 cucharada de miel

100 ml de aceite de oliva virgen

sal y pimienta

Para servir

90 g de almendras

50 g de sésamo tostado

perejil fresco picado

cilantro fresco picado

menta fresca picada

1. Para empezar, pon aceite en un tajín o cazuela y dora los trozos de cordero salpimentados. Retira y reserva.
2. En la misma cazuela, pocha el ajo y la cebolla picados añadiendo un poco de aceite si es necesario.
3. Una vez dorados, añade el jengibre y el resto de las especias, da unas vueltas y vuelve a introducir el cordero en la cazuela.
4. Riega con el caldo de carne y cocina el guiso a fuego lento, tapado y con un poquito de paciencia, hasta que la carne esté tierna. Destapa al final para que el caldo se concentre. El tiempo de guisado dependerá de lo tierno que sea el cordero.
5. En la receta tradicional, cuando la carne está tierna, se retira para triturar la salsa, pero si prefieres más textura, puedes dejarla así.
6. Agrega entonces las ciruelas pasas y la miel para terminar de dar melosidad a la salsa. Lo cocinas todo junto unos minutos.
7. Por último, para servir, puedes espolvorear a tu gusto con las almendras picadas, el sésamo tostado, y un poco de perejil, cilantro o menta picados.

Macarrones a la Norma

* TIEMPO: 25 min
* PARA 4 PERSONAS

Ingredientes

400 g de macarrones (o cualquier pasta corta al gusto)

1 berenjena grande o 2 pequeñas (350 g)

2 tomates rojos, grandes y maduros

4 dientes de ajo

1 cucharadita de azúcar

200 g de queso ricota, requesón o queso fresco

un puñado de hojas de albahaca fresca

aceite de oliva virgen extra

sal al gusto

pimienta recién molida al gusto

Los macarrones a la Norma son tradicionales en la cocina siciliana y se preparan con una selección de ingredientes frescos que son clásicos en las mesas italianas: tomate, cebollas, ricota, berenjenas...

Con la misma receta puedes hacer cualquier pasta a tu gusto, aunque esta elaboración es más habitual en platos de pasta corta: penne, fusilli, rigatoni...

1. Lava y pela las berenjenas (puedes dejar la piel, si lo prefieres). Córtalas en rodajas de ½ centímetro y después por la mitad y las pones en un colador. Espolvorea con sal y las dejas sudar una media hora para que suelten su amargor. Después se secan bien con papel de cocina y ya están listas para usar.
2. Para hacer la salsa de tomate, saltea en aceite los ajos pelados y laminados. Añade los tomates pelados, sin semillas y cortados en dados más o menos gruesos, a tu gusto. Pon el azúcar, sal y pimienta y deja que ese sofrito reduzca y oscurezca unos 15 minutos tapando la cazuela. Una vez lista la salsa de tomate, puedes triturarla, si lo prefieres. Añade al final unas hojas de albahaca picadas.
3. Mientras se hace la salsa de tomate, saltea o fríe las rodajas de berenjena en abundante aceite de oliva, sácalas y déjalas escurrir sobre papel absorbente para eliminar el exceso de grasa. Añádelas en caliente a la salsa de tomate. Reserva las rodajas más vistosas para decorar.
4. La pasta se cuece siguiendo las instrucciones del fabricante.
5. Cuando la pasta esté al dente, escúrrela bien, ponla en una cazuela y rocía con aceite de oliva, sal y pimienta, removiendo para que «se suelte».
6. Trocea el queso con un tenedor en pedacitos más o menos gruesos, a tu gusto.
7. Para emplatar sirve la pasta, cubre con un buen cucharón de salsa de tomate y decora con el queso desmenuzado, unas rodajas de berenjena y algo más de albahaca picada.

Tortilla Denver de verduras y queso

* TIEMPO: 20 min
* PARA UNA TORTILLA

Ingredientes

2 huevos frescos L

1 casco de cebolla

1 trozo de pimiento verde o rojo

unos champiñones laminados o unas hojas de espinaca (opcional)

2 cucharadas de nata líquida de cocina

1 loncha gruesa de fiambre magro de lomo o de jamón cocido

2 cucharadas de queso cheddar rallado grueso

sal y pimienta

aceite de oliva virgen extra o mantequilla, al gusto

Desayunos, brunch, almuerzos, cenas... Esta receta te solucionará el menú a cualquier hora del día. Una tortilla versátil que gusta a todos. Ingredientes sencillos, sabor, color y alegría en la mesa.

Este plato es tan internacional que existen muchas variantes en cuanto a los ingredientes y la elaboración en cada cocina, pero los básicos siempre están ahí: pimientos, cebollas, jamón cocido, un buen queso cheddar... Tu imaginación hará el resto.

Se suele preparar en formato individual, por eso te damos las cantidades de ingredientes por persona, pero puedes saltear las verduras juntas y luego ir añadiendo al hacerlas la cantidad necesaria para cada tortilla individual.

1. Para empezar, saltea la verdura picada a tu gusto en un poco de aceite o mantequilla en una sartén antiadherente, la misma que usarás para hacer la tortilla. Déjala al dente.
2. Mientras se hace la verdura, bate los huevos con la nata, sal y pimienta.
3. Corta el fiambre en daditos.
4. Retira la verdura de la sartén y vuelca en ella los huevos. Distribuye por encima la verdura y el fiambre y espolvorea el queso rallado.
5. Deja cuajar así la tortilla, sin revolverla, como si estuviéramos haciendo una pizza en la sartén. Despega ligeramente los bordes con una espátula para que no se agarren. Cuando los huevos estén al punto, la doblas sobre sí misma por la mitad para que quede como una media luna y ya la puedes retirar del fuego.
6. La servimos al momento, con una ensalada verde.

Arroz jambalaya al estilo cajún

* TIEMPO: 50 min
* PARA 4 PERSONAS

Ingredientes

4 puñados de arroz redondo (unos 300 g)

1 pechuga de pollo sin piel troceada en dados

150 g de chorizo en rodajas (puedes usar también longaniza e incluso salchichas)

100 g de beicon ahumado cortado en dados o tiras gruesas

1 cebolla

1 pimiento verde

1 pimiento rojo

1 penca de apio

1 tomate rojo y maduro pelado y despepitado

2 dientes de ajo

12 colas de langostinos o gambones

hasta 1 l de caldo de pollo o verduras

aceite de oliva suave

perejil picado

cebollino picado

sal

mezcla de especies cajún: una cucharadita de pimentón dulce y media de picante (o algo más si quieres darle alegría), una de ajo en polvo, una de orégano y una de tomillo

El arroz jambalaya, o jambalaya a secas, es una de las recetas más características de la cocina cajún originaria de Luisiana y otros estados del sur de EE. UU., desarrollada allí por emigrantes franceses desde el siglo XIX.

Los platos cajún son rústicos y sencillos, se nutren de productos locales y se caracterizan por el uso de especias y el toque picante de sus elaboraciones.

Este arroz es uno de los imprescindibles en el recetario cajún, aunque se prepara de mil formas según los lugares y las cocinas de cada casa.

1. Saltea el pollo y los embutidos en una cazuela con un fondo de aceite unos minutos hasta que el pollo tome color. Retira y reserva.
2. Pica finas las verduras bien limpias y tritura los dientes de ajo. Lo rehogas todo en la misma sartén.
3. Cuando la verdura esté pochada, añade la mezcla de especias y volvemos a poner las carnes. Revuelve y cocina unos minutos todo junto.
4. Incorpora el arroz a modo de lluvia y pon el caldo (algo más del doble de arroz). Prueba de sal, aunque normalmente no hay que añadirla porque los embutidos salan mucho.
5. Cocina hasta que el líquido se absorba y el arroz esté al punto entre 16 y 18 minutos. Añade más caldo durante la cocción si es necesario.
6. A falta de un par de minutos, pon por encima los langostinos y tapa la cazuela para que se cocinen.
7. Aparta del fuego y deja reposar un mínimo de 10 minutos antes de servir. Al llevar a la mesa, espolvorea con perejil y cebollino picado.

Jamón asado con piña al estilo del Caribe

* TIEMPO: 40 min
* PARA 8 PERSONAS

Ingredientes

1 pieza de jamón cocido entera, al menos 1,5 kg

1 lata grande de piña en almíbar o en su jugo, según como quieras la salsa de dulce

1 cucharada de miel

100 g de azúcar morena

clavos de olor enteros

200 ml de vino de aguardiente dulce o un vino de Oporto

1 cucharada de fécula de maíz (maicena)

mantequilla

sal y pimienta

guindas para decorar

3 cucharadas de aceite de oliva suave

Esta receta es un clásico en celebraciones y mesas navideñas en muchas mesas de Venezuela o Puerto Rico. Es un plato de fiesta, para llevar al centro de la mesa y llenarlo de color.

Se trata de una pieza de carne cocida y con un dulce glaseado de fruta y especias. Normalmente se prepara con fiambre de carne, pero puedes usar también un corte de pierna de cerdo deshuesada y aumentar los tiempos de cocción hasta 3 horas.

1. Carameliza las rodajas de piña bien escurridas al fuego. Ponlas en una sartén antiadherente salteándolas por los dos lados en un poco de mantequilla y espolvoreadas con azúcar morena. Cuando doren, las retiras y reservas. En esa sartén incorpora el líquido de la lata de piña y la cucharada de miel, y da un hervor mezclando bien.
2. Practica unas incisiones en la parte que tenga la grasa de la pieza de jamón en forma de rombos. Pon un clavo en el centro de cada rombo.
3. Unta el jamón con aceite y lo espolvoreas con una capa de azúcar morena. Asa 15 minutos a 200 °C, para que se dore la superficie, pero vigilando que no se queme. En ese momento, cuando esté dorado, baña con un poco del jugo de la piña y con el aguardiente y deja 20 minutos más, vertiendo otro par de veces sobre el jamón los jugos de la bandeja.
4. Si ves que el jamón se dora demasiado por efecto del azúcar, tápalo con papel de aluminio.
5. Saca el jamón del horno. Pasa el jugo de la bandeja a una cazuela y espésalo al fuego con un poco de fécula de maíz diluida en agua, o bien con un espesante de salsas. Salpimienta a tu gusto.
6. Para servir, decora el jamón con las rodajas de piña. Lo clásico es poner una guinda en el agujero central de cada rodaja. Emplátalo trinchado y napado con la salsa.

Tian de verduras a la provenzal

* TIEMPO: 45 min
* PARA 4 PERSONAS

Ingredientes

2 berenjenas

2 calabacines

1 pimiento rojo o verde de buen tamaño

2 cebollas pequeñas

3 dientes de ajo

3 tomates de rama o de pera grandes (deben ser bien rojos)

perejil picado

1 rama de tomillo fresco al gusto

orégano al gusto

unas hojas de albahaca al gusto

romero al gusto

aceite de oliva virgen extra

sal y pimienta

Esta receta de tian es típicamente francesa, un pariente de nuestro pisto de hortalizas, pero preparado al horno. Se puede servir frío o caliente, como entrante o guarnición.

La presentación clásica de este plato es la que lo convierte en una fiesta para todos los sentidos. La verdura se corta en rodajas y se ordena con mimo y cariño en su bandeja de servicio para que disfrutes del plato desde antes de comerlo.

Las hierbas provenzales y un buen aceite de oliva se encargan de aromatizar y dar personalidad a la elaboración.

1. Precalienta el horno a 180 °C.
2. Corta las berenjenas en rodajas y espolvorea con sal para que suden unos 20 minutos.
3. Corta también en rodajas más bien finas los calabacines, el pimiento, el tomate (con su piel) y la cebolla.
4. Pica el ajo muy fino o tritúralo. Mézclalo con el aceite y las hierbas frescas.
5. Engrasa una bandeja de horno que tenga fondo y coloca las verduras en espiral y en vertical, alternando los distintos tipos de verdura en el mismo orden, jugando con los colores. Ve rellenando toda la bandeja haciendo una espiral de verduras.
6. Riega las verduras con el aceite de hierbas que hemos elaborado en el punto 4 por igual. Espolvorea también con sal y pimienta.
7. Lleva al horno, pon la bandeja en la parte baja (para que no se nos quemen mucho las verduras por arriba) y hornea unos 40 minutos o hasta que las verduras estén al punto. Si ves que siguen duras y se están quemando por arriba, cubre con papel de aluminio.

Bullabesa francesa fácil y rápida

* TIEMPO: 40 min
* PARA 4-6 PERSONAS

Ingredientes

1 cabeza de rape
1 hoja de laurel
250 g de mejillones pequeños franceses
1 cebolla
2 tomates
3 dientes de ajo
200 g de anillas de calamar
200 g de colas de gambas o gambones
aceite de oliva virgen extra
pan
pimentón
sal y pimienta
una ramita de perejil fresco

La sopa bullabesa francesa es un gran clásico de la cocina marinera internacional. La receta es fácil y se prepara con pescados y mariscos de mercado al gusto.

Admite muchas variantes en cuanto a su composición, así que usa los pescados que más te gusten y, para el caldo, los crustáceos, nécoras, cangrejos… elige tú. También puedes añadir más verduras: zanahoria, apio, puerro, hinojo…

Si te gusta con textura más fina, puedes pasar el sofrito por la batidora antes de añadir el pescado.

1. Haz un caldo con la cabeza del rape y una hoja de laurel cociendo 15 minutos, bien salpimentado, y cubriendo con el agua justa. Cuela el caldo.
2. Abre los mejillones al vapor, cuela el caldo y retira una de las conchas. Este caldo también lo añadiremos al fumet del rape.
3. Una vez tengas preparado el fumet, rehoga la cebolla, los tomates y el ajo en un poquito de aceite de oliva.
4. Añade a la cazuela el pimentón y revuelve, pon los calamares, da unas vueltas, cubre con el fumet del pescado y deja cocer unos minutos hasta que el calamar enternezca.
5. Cuando esté a punto, añade las gambas, el rape desmenuzado de la cabeza (si son trozos muy pequeños, no los pongas) y los mejillones.
6. Antes de servir la sopa bullabesa, coloca unas rebanaditas de pan tostado en la sopera y entonces vierte el caldo con los pescados. Se sirve caliente, espolvoreada con perejil.

Cuscús marroquí de verduras

* TIEMPO: 40 min
* PARA 4 PERSONAS

Ingredientes

300 g de cuscús (sémola de trigo) de tamaño medio

600 ml de caldo de verduras (o de pollo si lo prefieres)

½ pimiento rojo y ½ verde

1 cebolla pequeña

1 calabacín pequeño

1 berenjena pequeña

1 cucharadita de especias Ras el Hanout

aceite de oliva

sal, pimienta y zumo de limón

Opcional

cilantro picado o menta picada

CONSEJOS Y COMENTARIOS

Ras el Hanout es una mezcla de especias árabes especiales para platos de cuscús, entre otros. Lo encontrarás en tiendas de cocina internacional y en grandes superficies, pero puedes prepararlo tú mezclando comino (una cucharadita rasa) y un par de golpes de nuez moscada, clavo, jengibre y canela, cúrcuma, cayena… al gusto.

Esta receta de cuscús con verduras está llena de aromas, color y alegría. Un plato sencillo y a la vez muy especial que te va a encantar.

El cuscús con verduras se puede personalizar con vegetales a tu gusto. Además de las verduras que hemos usado para la receta, le van también muy bien la calabaza, la zanahoria, el brócoli y la coliflor. Elige los ingredientes con cariño para que este delicioso plato quede siempre a tu gusto.

1. Pon el caldo al fuego en una cazuela y cuando rompa a hervir lo apartas. Incorpora el cuscús a modo de lluvia, sin que se apelmace. Añades el zumo de 1 limón y las especias, lo mezclas todo bien y dejas que la sémola engorde durante 10 o 20 minutos hasta que esté en su punto.
2. Mientras tanto, rehoga en una sartén las verduras en aceite. Trocea la verdura a tu gusto, en dados, tiras o rebanadas, pero de tamaño regular.
3. Pon primero los pimientos, la cebolla, y cuando empiecen a estar tiernos, agrega el calabacín y la berenjena (puedes dejar la piel si es firme y lisa). Pon sal y pimienta.
4. Espera a que las verduras estén a tu gusto (preferiblemente al dente) y se haya consumido al máximo el líquido que puedan soltar en la cocción. Entonces las apartas y ya tienes el plato listo.
5. Sirve el cuscús con verduras en el mismo momento de prepararlo, espolvoreado con cilantro picado (puedes sustituir por menta picada) y con el salteado de verduras por encima o acompañando al lado. Lo normal no es mezclar, sino servir cada cosa por separado y mezclar en el plato.

Postres y repostería

Disfrutar un rato en la cocina preparando dulces inunda tu casa de aromas a vainilla y limón, a masas horneadas, a canela y especias… Un bocado dulce es alegría de vivir, un premio merecido que te proporciona una felicidad inmediata, mucho más intensa si es compartida. Y regalar una tarta o un pastel hechos en casa con tiempo y cariño es regalar un poquito de felicidad.

La vida es dulce

La tarta de queso que de verdad sabe a queso

* TIEMPO: 60 min
* PARA 6 PERSONAS (MOLDE DE 20 cm)

Ingredientes

300 g de queso de cabra tipo rulo (queso blanco y de textura cremosa) o cualquier queso fresco tipo Burgos que tenga sabor

3 huevos frescos L

90 g de azúcar mitad blanca y mitad morena

una pizca de sal

6 quesitos en porciones

50 g de un queso fuerte como el queso azul o cualquier queso cremoso de tu zona

200 ml de nata líquida de cocinar (no es necesario que sea nata para montar)

Por fin vas a probar una receta de tarta de queso que sabe a queso, cremosa y suave, preparada con queso de cabra, aunque puedes usar otros quesos que te gusten.

Como verás, la tarta resulta más ligera que otros dulces de queso, porque no se hace con harina y la cantidad de azúcar es más reducida que en otras elaboraciones. Tampoco lleva la base de galletas tradicional de muchas tartas de queso (aunque puedes incorporarla si lo prefieres).

1. Para empezar, separa las claras de las yemas. Monta las claras a punto de nieve con el accesorio de varillas de la batidora o con unas varillas manuales.
2. Cuando las claras estén montadas, blanquea las yemas con el azúcar y la sal batiendo muy bien. Debes ser paciente en este punto y conseguir que las yemas blanqueen bien.
3. Añade los quesos y la nata al recipiente de las yemas e intégralo todo muy bien. En este punto es mejor usar la batidora para que la mezcla sea homogénea y quede lisa, pero no te importe si hay trocitos de queso, porque se fundirán durante el horneado.
4. Combina esta mezcla con las claras batidas a punto de nieve, con movimientos suaves y envolventes para que las claras no se bajen demasiado.
5. Pasa la mezcla a un molde desmontable forrado con papel de horno.
6. Hornea entre 45 y 60 minutos, dependerá del electrodoméstico, en la parte media del horno y a una temperatura de 190 °C, hasta que la tarta esté bien dorada.
7. Deja enfriar antes de desmoldar y servir. Sírvela a temperatura ambiente. Si la conservas en la nevera, tienes que sacarla al menos 1 hora antes porque el frío le resta sabor.
8. Para servir, puedes acompañar con mermeladas ligeras o regarla con un hilo de miel de azahar.

El pastel de chocolate más fácil del mundo

* **TIEMPO:** 30 min
* **PARA 4 PERSONAS**

Ingredientes

200 g de chocolate en tableta a tu gusto, en nuestro caso chocolate negro al 70 por ciento de cacao

125 g de bollos suizos, magdalenas, sobaos, cruasanes… o cualquier bollería esponjosa que tengas en casa

250 ml de leche

1 sobre de cuajada

250 ml de nata

Opcional

2 cucharadas de azúcar

Con esta receta no tienes que encender el horno. Siempre sale bien y vas a sorprender a todos. Ponte en marcha.

Puedes preparar el pastel con cualquier clase de chocolate, con leche o negro puro, el que más te guste, incluso con chocolate blanco. Del mismo modo, para el relleno puedes usar bollos suizos, sobaos, magdalenas, restos de bizcocho… cualquier cosa que tengas por casa para dar una textura muy interesante al interior de esta delicia sencilla.

La textura de este pastel es la de un flan consistente, tipo púdin, y si usas sobaos o magdalenas, casi seguro que no tendrás que añadir más azúcar. De todas formas, lo mejor es probar la mezcla para que siempre quede a tu gusto.

1. En primer lugar, pon los bollos que hayas elegido en el molde que vas a utilizar, a tu gusto. Trocéalos con las manos en pedazos más bien gruesos. Esto lo hacemos para que la mezcla de chocolate los empape bien.
2. En un bol o vaso grande, mezcla la leche con el sobre de cuajada.
3. Aparte, en un cazo, pon el chocolate troceado junto con la nata y coloca al fuego removiendo suavemente hasta que se funda. Después, añade la leche con la cuajada y remueve bien para que la mezcla se integre. Mantenlo a fuego medio hasta que hierva.
4. El pastel de chocolate no lleva más azúcar que la de sus propios ingredientes, pero los muy golosos podéis añadir un par de cucharadas de azúcar a la cazuela.
5. En cuanto rompa el hervor, retira y cuela sobre el molde con los bollos. Mezcla suavemente para que los bollos se impregnen bien de la mezcla de chocolate. Alisa la superficie y deja que temple un poco a temperatura ambiente.
6. Lleva al frigorífico (mínimo 4 horas) para que cuaje bien el pastel. Desmolda en frío dándole la vuelta sobre un plato y ya puedes servir.

El brownie de chocolate que se prepara sin horno

- **TIEMPO:** 20 min
- **PARA 6-8 BROWNIES (SEGÚN TAMAÑO)**

Ingredientes

200 g de galletas tipo María

3 cucharadas de cacao en polvo (unos 60 g)

390 g de leche condensada (es la medida tradicional del bote pequeño)

100 g de nueces picadas y algunas más para decorar

100 g de chocolate para postres

una pizca de sal

Nos encanta esta receta de brownie con sus nueces tradicionales y con una textura jugosa pero consistente. Es facilísima de preparar, una de esas recetas resultonas con las que puedes lucirte sin complicarte en la cocina.

La consistencia de la masa del brownie la conseguimos añadiendo leche condensada, que además aporta el dulce al postre, y el horneado lo evitamos usando harina de galleta.

1. Lo primero es triturar las galletas para reducirlas a harina de galleta. Usa una picadora o una batidora de brazo potentes, porque nos interesa que no queden trozos grandes de galleta. Esta harina debe quedar lo más fina posible.
2. Pon esta harina de galleta en un bol hondo y ve agregando el cacao en polvo, las nueces picadas, la sal y la leche condensada. Mezcla todo muy bien hasta que esté completamente integrado. La mezcla es densa, así que tienes que dedicarle un ratito.
3. Ahora solo queda derretir el chocolate en el microondas a media potencia y en intervalos cortos, hasta que esté líquido y sin grumos. Añádelo a la mezcla de galletas y combina bien.
4. Forra el molde que vayas a usar muy bien con film transparente para luego poder desmoldar y cortar. Lo tradicional es usar un molde cuadrado o rectangular que nos permita cortar el brownie en porciones.
5. Pon la mezcla en el molde y con las manos engrasadas en aceite aplástala con las manos. Elige el molde según el grosor que quieras darle al brownie (nunca menos de un par de centímetros). Decora con unas nueces por encima y tapa con más film transparente. De esta forma, el brownie no se reseca.
6. Refrigéralo al menos 1 hora para que adquiera consistencia. Se sirve como cualquier brownie tradicional, con helado de vainilla. Si lo prefieres, antes de emplatar, le puedes dar un golpe de calor en el microondas para templarlo, nunca más de 30 segundos.

Galletas de avena y chocolate

* **TIEMPO:** 15 min
* **PARA UNAS 25 GALLETAS (SEGÚN TAMAÑO)**

Ingredientes

200 g de copos de avena más o menos finos, a tu gusto

1 huevo L

60 g de mantequilla con sal que esté blanda

60 g de azúcar morena

1 cucharadita de levadura química

la ralladura de 1 naranja

un par de golpes de canela y jengibre molidos

100 g de cacao en polvo amargo o suave, a tu gusto

leche de avena (si la mezcla queda muy espesa)

Opcional

50 ml de aceite de oliva suave o de girasol (opción vegana)

Esta receta de galletas te va a sorprender porque las tienes listas en 15 minutos y están más que buenas. Resultan crujientes y muy aromáticas, con un toque de naranja y especias.

Las galletas tienen una textura y sabor muy especiales, con el toque de la mantequilla con sal, pero si lo prefieres y no te gusta ese punto salado, puedes usar mantequilla sin sal.

Estas galletas no llevan gluten, porque la harina de trigo se sustituye por harina de avena o copos de avena triturados. Y si quieres una receta totalmente vegana, puedes usar 50 ml de aceite de oliva suave o aceite de girasol en lugar de la mantequilla.

1. Lo primero que tienes que hacer es precalentar el horno a 190 °C.
2. Después bate el huevo con la mantequilla y el azúcar hasta que el azúcar se integre por completo en la mezcla.
3. Añade el resto de los ingredientes e intégralos mezclando enérgicamente. Al final debe quedarnos una masa muy ligada y que se pueda moldear.
4. Si ves que la mezcla está demasiado espesa, puedes aclarar con un chorrito de leche de avena. El punto que debe tener la mezcla nos tiene que permitir moldearla.
5. Haz bolitas con las manos. Las aplastas un poquito y las vas poniendo encima de un papel de horno colocado en la bandeja de hornear.
6. Lleva al horno entre 10 y 12 minutos —depende del electrodoméstico—, hasta que veas que los bordes de las galletas están secos y empiezan a tomar color. Lo normal es sacarlas del horno algo «tiernas» porque luego endurecen al enfriarse.
7. Saca del horno y déjalas unos minutos en la bandeja hasta que templen. Será más fácil despegarlas del papel.
8. Para servirlas, espera a que enfríen por completo para que endurezcan y resulten crujientes.

Naranjas con aceite de oliva

*TIEMPO: 5 min
*PARA 2 PERSONAS

Ingredientes

2 naranjas de mesa grandes y dulces

2 cucharadas de miel de romero o 2 cucharadas de azúcar (blanca o morena, a tu gusto)

4 cucharadas de aceite de oliva virgen extra a tu gusto

almendra tostada y laminada

unos granos de granada en temporada

unas hojas de menta

Nuestro toque personal

un poco de requesón o mascarpone

Este postre de naranjas con aceite de oliva se ha preparado tradicionalmente por toda Andalucía, y en cada casa se le da un toque personal.

El plato es una delicia, y el único secreto para triunfar es precisamente su sencillez y la excelencia de los ingredientes, buenas naranjas y un aceite de oliva virgen extra potente y frutal.

Nosotros aconsejamos aportar un toque dulce con miel o con azúcar blanca o morena, pero también puedes lanzarte al festival de sabor que representa la naranja con el aceite en boca, sin más dulzor que el de la fruta y con el punto amargo y picante de un buen virgen extra.

1. Lo más importante de esta receta sencilla es pelar muy bien las naranjas eliminando todo el blanco de la piel. Una vez bien limpias, córtalas en rodajas como de 1 centímetro de grosor.
2. Rocíalas con un hilo de miel o espolvoréalas con el azúcar, lo que más te guste.
3. Si no las vas a servir en ese momento, deja aquí la receta hasta cuando quieras llevarlas a la mesa y conserva en frío.
4. Al momento de servir, rocía con un hilo de un buen aceite virgen extra arbequina, hojiblanca y hasta picual, elige la variedad que más te guste. Pica un poco de menta fresca por encima y agrega unas láminas de almendra tostada o unos granos de granada.
5. Si quieres hacer el plato más consistente, añade también por encima de las rodajas de naranja un poco de requesón o mascarpone.

Postre de aguacate, lima y hierbabuena

* TIEMPO: 20 min
* PARA 4 PERSONAS

Ingredientes

2 aguacates grandes (unos 500 g) en su punto de madurez

2 cucharaditas colmadas de azúcar glas

el zumo de 2 limas y su ralladura

200 g de requesón, queso tipo quark o yogur griego natural

3 hojas de gelatina

100 ml de agua

hojas de menta fresca

Opcional

unas gotas de Peppermint o cualquier licor de menta

Este postre de aguacate, lima y hierbabuena es muy original y superrefrescante. Se prepara en pocos minutos y tiene una bonita presentación, llena de alegría y color.

El punto fresco de la menta lo puedes lograr con unas gotas de cualquier licor de menta que encuentres en el mercado, el clásico Peppermint o una crema de menta. Hay muchas variedades comerciales, pero ya puestos a elegir, procura que el licor sea verde y mejorarás el color del plato. También puedes usar aroma de menta para repostería, pero el toque del alcohol nunca viene mal si vas a servir el postre para invitados y amigos.

1. Pon a hidratar las hojas de gelatina en agua al menos unos 10 minutos.
2. Pela los aguacates, saca los huesos y pon la pulpa en el vaso de la batidora junto con el azúcar, el requesón o yogur, la ralladura de lima y 3 o 4 hojas de hierbabuena. Si quieres potenciar el sabor a menta y darle una chispa de alegría, añade un chorrito de Peppermint o de cualquier licor de menta.
3. Lo trituras todo bien hasta que quede una mezcla bien fina y sin grumos.
4. Exprime la lima y pasa el zumo a un vaso junto con los 100 ml de agua. Calienta 1 minuto en el microondas y añade a ese líquido caliente la gelatina hidratada. Mezcla para que la gelatina se licúe y se integre bien.
5. Al momento lo incorporas todo a la crema de aguacate. Mezcla bien y coloca en vasitos o copas.
6. Reserva en frío hasta el momento de servir, aunque no se debe preparar este postre con demasiada anticipación porque va perdiendo color. No lo reserves en la nevera más de un par de horas.
7. Al momento de servir, decora con un poco de ralladura de lima y unas hojitas de hierbabuena.

Peras con queso y sirope de canela

* **TIEMPO:** 30 min
* **PARA 4 PERSONAS**

Ingredientes

4 peras conferencia grandes y firmes, que no estén muy maduras

250 g de requesón, queso ricota o mascarpone

3 palos de canela

Para el almíbar

750 g de azúcar

750 ml de agua

½ limón

Con esta receta de peras con queso y sirope de canela montas en pocos minutos un postre sencillo y a la vez sofisticado, una mezcla perfecta de fruta fresca, queso cremoso y aromas de especias.

Elige cualquier variedad de pera que sea de carne firme, que no esté muy madura. Presiona con el pulgar, y si ofrece resistencia, la pera aguantará la cocción en almíbar. Las peras más utilizadas en cocina son la pera williams y la pera conferencia. De todas ellas, la conferencia es quizá la más habitual en los mercados españoles y te dará buen resultado para esta receta.

1. Para empezar, vas a elaborar un almíbar tradicional. Para ello pon en un cazo el agua, el azúcar y el ½ limón y calienta hasta que empiece a hervir.
2. Mientras se hace el almíbar, pela las peras, córtalas por la mitad a lo largo y saca con cuidado todas las pepitas y partes duras del centro.
3. Intégralas en el almíbar cuando rompa la ebullición. Deja cocer unos 10 minutos desde que el almíbar recupere el hervor. El tiempo dependerá también del tamaño y de la firmeza de las peras, deben quedar tiernas pero enteras. Ve probando, pinchando con un palillo. Después aparta las peras y las reservas.
4. Tenemos que convertir ese almíbar en un sirope algo más denso y aromático. Para ello, incorpora 3 palos de canela y deja que al almíbar siga hirviendo hasta que se reduzca y oscurezca. Cuando tenga un bonito color dorado y la consistencia de un caramelo ligero, ya puedes apartarlo del fuego.
5. Pon el queso en un bol y le añades unas cucharadas de sirope, mezclando bien hasta que se endulce a nuestro gusto.
6. Para montar el plato, pon las mitades de las peras, colocamos en el centro de cada una 1 cucharada de queso y rociamos con el sirope caliente de canela. Este postre se sirve templado, porque gana en sabor y aromas.

Bizcocho jugoso de chocolate y naranja

* TIEMPO: 45 min
* PARA 8 PERSONAS

Con esta receta de bizcocho jugoso de chocolate y naranja tienes el éxito asegurado. Este pastel es una tentación para los amantes del chocolate, pero además es superesponjoso y tiene el dulzor y los aromas de la naranja, una de las frutas que mejor combina siempre con el cacao.

Ingredientes

1 naranja grande y su ralladura

3 huevos

200 g de azúcar

100 ml de aceite de oliva suave

1 yogur de limón

una medida del yogur con cacao negro en polvo

250 g de harina de trigo

1 sobre de levadura química (16 g)

1 pizca de sal

Para decorar

azúcar glas y tiras de piel de naranja

1. Para empezar precalienta el horno a 180 °C.
2. Pela la naranja con cuidado para eliminar todas las partes blancas. Antes de pelarla, saca la ralladura de toda la piel, presta atención de no llevarnos nada de lo blanco al rallar la piel porque puede «amargarnos» el resultado.
3. Después bate los huevos con el azúcar hasta que blanqueen. Y una vez que hayan blanqueado, lo pasas a la batidora e incorporas la naranja pelada de la que habrás eliminado todas las pepitas. Pon también el aceite y el yogur.
4. Tritura hasta obtener una masa completamente lisa. La ponemos en un bol grande.
5. Ahora llega el turno de agregar a esta mezcla los ingredientes secos. Incorporamos la harina tamizada junto con la levadura, el cacao y la sal, y vamos mezclando bien con una espátula hasta integrar perfectamente todos los ingredientes húmedos y secos en una masa lisa y homogénea.
6. Engrasa un molde de horno con mantequilla y lo espolvoreas con harina. Pon la mezcla en el molde y alisa ligeramente la superficie.
7. Hornea unos 40 minutos a 180 °C en la parte media del horno y con calor arriba y abajo. El tiempo final dependerá de cada electrodoméstico, pincha con un palo de brocheta o con una aguja de punto para comprobar que esté bien hecho.
8. Saca del horno y deja enfriar sobre una rejilla antes de desmoldarlo. Para servir, podemos espolvorearlo con azúcar glas y unas tiras de piel de naranja frescas o confitadas.

Panna cotta de coco con mango

* TIEMPO: 20 min
* PARA 4 PERSONAS

Ingredientes

400 ml de leche de coco lo más natural posible y sin azúcares añadidos

4 hojas de gelatina

1 cucharada de azúcar de caña o de sirope de agave (opcional)

unas hojas de menta

Para la capa de mango

1 mango

2 cucharadas rasas de azúcar o de sirope de agave

100 ml de zumo de naranja

3 hojas de gelatina

Esta receta de panna cotta de coco con mango se prepara con leche de coco y fruta fresca. Es un plato perfecto para intolerantes a la lactosa o para incorporar a tu menú vegano. Y si no te gustan los postres demasiado dulces, puedes prepararlo solo con los azúcares naturales de la leche de coco y el mango.

El mango u otras frutas (la piña, el kiwi...) producen una curiosa reacción con la gelatina que impide que esta cuaje, así que tenemos que trocearla y darle calor salteándola al fuego para evitar ese efecto.

1. Hidrata las hojas de gelatina en agua fría durante 10 minutos. Hidrata por separado las 4 hojas de la panna cotta y las 3 del puré de mango.
2. Mientras, pon la leche de coco al fuego para que se vaya calentando. Puedes añadirle el sirope o azúcar en la cazuela, pero pruébala antes porque algunas son suficientemente dulces.
3. Cuando rompa la ebullición retira del fuego e incorpora las 4 hojas de gelatina ya hidratadas. Bate muy bien para que se integre todo.
4. Para hacer el puré de mango, pela el mango y trocéalo. Ponlo en el vaso de la batidora con el azúcar y el zumo de naranja. Después lo viertes en un cazo y lo llevas al fuego hasta ebullición un par de minutos. Si está demasiado espeso, puedes añadir más zumo.
5. Lo retiras del fuego y añades las 3 hojas de gelatina hasta que se disuelvan por completo.
6. Puedes montar este postre en moldes individuales o en vasitos transparentes. En ambos casos, elige si quieres que la panna cotta esté abajo o arriba antes de montar el postre. En los vasitos, nos gusta poner la panna cotta abajo y coronar con el puré (una capa de no más de un centímetro). En los moldes, puedes hacerlo al revés.
7. Deja enfriar en la nevera unas horas para que la panna cotta cuaje por completo. Sirve fría, decorada con unas hojas de menta.

Espuma de requesón con miel y frutos secos

* TIEMPO: 15 min
* PARA 4 PERSONAS

No imaginas lo fácil que es preparar esta receta de espuma de requesón con miel y frutos secos, un postre delicioso que apenas tiene elaboración. El plato es perfecto para los amantes de postres de queso y tiene mucho aroma y sabor.

El queso que usemos no lleva ninguna preparación, así que elige el que más te guste entre los clásicos quesos cremosos habituales en los postres: requesón (mucho mejor si es casero, tenemos la receta en este libro), ricota o mascarpone, pero no uses nunca el queso crema clásico, porque resultará demasiado denso, sin textura y empalagoso. Es mejor que elijas un queso más ligero en boca y más «aireado».

Elige los frutos secos a tu gusto, o incorpora unas frutas rojas frescas, como arándanos o frambuesas. Te recomendamos una miel de romero porque aporta más personalidad y carácter al plato, pero igualmente puedes usar miel de flores o miel de azahar si lo prefieres.

Ingredientes

400 g de requesón, mascarpone o ricota, a tu gusto

2 yogures naturales azucarados

1 clara de huevo

4 cucharadas de miel de romero

50 g de pistachos pelados

4 dátiles naturales de buen tamaño o un puñado de nueces picadas, a tu gusto

unas hojitas de menta

pimienta rosa recién molida

1. Escurre bien el requesón y pon en un bol junto con los yogures. Lo vas mezclando todo suavemente con un tenedor.
2. Monta la clara a punto de nieve y la incorporas a la mezcla de requesón suavemente para que la clara no se baje. Y ahora llega el único secreto del postre. Mientras mezclas con la clara batida, tienes que ir incorporando la miel en un hilo y con movimientos suaves, para que se integre, pero sin diluirse en el requesón. Lo que buscamos es que no se integre en el queso y que forme un dibujo de hilos de miel.
3. Ya puedes ir sirviendo esta preparación en copas o platillos de servicio. Corona con unos pistachos y unos dátiles o nueces troceadas y reserva en frío hasta el momento de servir.
4. Si quieres dar más aroma al postre a la hora de servir, puedes añadir unas hojitas de menta picada y un golpe de pimienta rosa recién molida.

Tarta de cóctel margarita

* TIEMPO: 30 min
* PARA 6 PERSONAS (MOLDE 20 cm)

Esta tarta de cóctel margarita se prepara sin horno. Tiene un toque chispeante de tequila que convertirá tu mesa en una fiesta con solo probarla.

Ingredientes

Para la base

180 g de galletas tipo María

60 g de mantequilla

Para el relleno

5 hojas de gelatina neutra

el zumo de 3 limas y su ralladura

120 g de azúcar (mejor azúcar morena)

50 ml de tequila (mejor tequila reposado)

25 ml de Triple Sec, Grand Marnier o cualquier licor de naranja

300 g de queso crema o mascarpone

2 yogures de limón (aportan un punto ácido y cítrico)

Para el glaseado

1 hoja de gelatina

100 ml de agua

1 cucharada de azúcar morena

el zumo de 1 lima y su ralladura

1 chorrito de tequila y otro de licor de naranja

1. Tritura las galletas hasta que queden convertidas en harina. Mézclalas con la mantequilla derretida. Con la pasta resultante cubre la base de un molde desmontable previamente forrado de papel de horno. Mete el molde en la nevera para que la mantequilla endurezca y la capa de galleta resulte más crujiente y consistente.
2. Hidrata por separado las 5 hojas de gelatina del relleno y la hoja de gelatina de la cobertura.
3. Pon al fuego el tequila, el licor de naranja, el zumo y la ralladura de 3 limas y el azúcar. Calienta mientras vas removiendo para que se integre todo bien y se disuelva el azúcar. Añade también poco a poco el queso y los yogures y lo vas integrando en la mezcla. En cuanto rompa el hervor, retira del fuego.
4. Pásalo todo al vaso de la batidora con las 5 hojas de gelatina ya hidratada y tritura bien. La mezcla debe estar caliente para que la gelatina cuaje. Cubre con esta mezcla la base de galletas del molde, alisa la superficie y reserva en la nevera para que coja consistencia antes de poner la cobertura.
5. Para hacer la cobertura, pon al fuego el agua, el tequila y el licor de naranja, el zumo y ralladura de lima y el azúcar.
6. Cuando rompa el hervor, retira del fuego y le incorporas una hoja de gelatina ya hidratada. Mezcla muy bien para integrarlo todo y para que la gelatina se disuelva por completo.
7. Deja templar unos minutos. La cobertura no debe ser muy gruesa, apenas 2 o 3 milímetros para que quede más fina. Podemos coronar con unas tiras de ralladura de lima.
8. Refrigera un mínimo de 4 horas para que la tarta quede bien cuajada. Sirve bien fresquita, con un chupito de tequila o con el propio cóctel para acompañar.

Galette de manzanas, nueces y canela

* TIEMPO: 40 min
* PARA 6-8 PERSONAS

Aquí tienes nuestra versión de la famosa galette de manzanas francesa, un postre tradicional de Bretaña y Normandía, con siglos de historia.

La galette se puede preparar también con peras o melocotones, y la elaboración es siempre la misma. Si no tienes ganas de preparar la masa en casa, puedes usar una masa quebrada ya envasada, pero nuestro consejo es que te animes con la masa casera, tiene mucha mejor textura, aroma y sabor.

Hemos añadido unas nueces picadas porque nos encantan combinadas con las manzanas y la canela, pero también puedes sustituirlas por unas pasas hidratadas en vino dulce o unas almendras laminadas.

Ingredientes

Para la masa

220 g de harina de trigo de todo uso

125 g de mantequilla fría y con sal (si es mantequilla sin sal, incorpora media cucharadita de sal a los ingredientes)

125 ml de agua fría

2 cucharadas de azúcar blanca o morena

la ralladura de 1 limón pequeño

1 huevo entero + 1 huevo batido para pintar la masa

Para el relleno

3 manzanas dulces (fuji, royal gala, golden...)

3 cucharadas de azúcar blanca o morena

½ cucharadita de canela en polvo

una pizca de clavo de olor molido

una pizca de jengibre molido

1 cucharada de miel de azahar

50 g de nueces picadas

miel

1. Tamiza la harina en un bol grande. Haz un hueco y ve añadiendo la mantequilla en pequeños daditos para ir integrándola muy bien con la harina. Quedará con aspecto de migas. Incorpora entonces el agua y el resto de los ingredientes.
2. Amasa bien hasta que quede una masa lisa y moldeable. Déjala reposar en la nevera o en un lugar fresco durante 1 hora, cubierta con un paño limpio.
3. Para el relleno, pela las manzanas y las descorazonas. Córtalas en gajos como de 1 centímetro de lado. Ponlas en un bol y mézclalas con las especias y el azúcar hasta que queden bien embadurnadas.
4. Pasado el tiempo de reposo, precalienta el horno a 180 °C.
5. Estira la masa hasta que tenga ½ centímetro de grosor y forma completamente circular. Coloca ordenadamente las manzanas en el centro dejando libres los bordes al menos unos 8 cm. Espolvorea por encima las nueces picadas repartiéndolas por igual sobre las manzanas.
6. Cierra los bordes de masa sobre las manzanas como puedes ver en las imágenes y pinta la masa con huevo batido.
7. Hornea a 180 °C durante 30 minutos hasta que esté dorada. Al sacar del horno, aún en caliente, riega con un hilo de miel.
8. La galette de manzanas se puede servir caliente, templada (que es nuestra recomendación) o fría.

Tiramisú de turrón

* TIEMPO: 30 min
* PARA 6-8 PERSONAS

Ingredientes

1 taza de café con leche recién hecho

200 g de turrón de Jijona

250 g de queso mascarpone

1 buena cucharada de azúcar glas

200 ml de nata para montar (mínimo 35 por ciento de materia grasa)

bizcochos de soletilla (entre 14 y 16 piezas)

cacao en polvo para espolvorear por encima del tiramisú

Cuando pruebes este tiramisú de turrón de Jijona, se convertirá en tu postre favorito en tus mesas navideñas, porque es facilísimo de preparar y además siempre gusta a todo el mundo.

Si quieres ser fiel a la receta original, añade al café un chorrito de amaretto, el clásico licor de almendras italiano que es ingrediente básico en cualquier tiramisú. Nosotros preferimos no ponerlo para que no disfrace el sabor de nuestro castizo turrón de Jijona, pero es cuestión de gustos.

1. Prepara el café al momento, para que no pierda sus aromas. Añade la leche para suavizar un poco el sabor, pero si lo prefieres puedes hacer este postre con café negro.
2. Desmenuza el turrón lo más fino posible. Puedes hacerlo con las manos o con la ayuda de un tenedor.
3. Mezcla el queso mascarpone con el azúcar glas hasta que el azúcar quede perfectamente integrado. Puedes hacerlo con unas varillas a mano o con el accesorio varillas de un robot de cocina.
4. Mientras bates el queso, vete añadiendo el turrón desmenuzado para que se integre por completo en la crema.
5. Por otro lado, monta la nata bien firme y la mezclas con la crema de turrón con movimientos suaves y envolventes para que no se baje.
6. Para montar el tiramisú, remoja ligeramente cada bizcocho de soletilla en el café con leche. Colócalos en la base de un molde o bandeja de servicio.
7. Cubre esa base de bizcochos con la mitad de la crema de turrón y pon otra capa de bizcochos de soletilla remojados en el café. De nuevo, cubre con más crema y alisa bien la superficie.
8. Para coronar el plato, espolvorea cacao en polvo por encima del tiramisú con un colador. Reserva el tiramisú en la nevera hasta el momento de servir. Debe estar bien firme para poder cortarlo.

Índice de recetas

RECETAS CONTRA EL MAL HUMOR

LOS SABORES DEL MUNDO

LA VIDA ES DULCE

Índice de ingredientes